Doreen Blumhagen

66 Spielideen Religion

Auer

Gedruckt auf umweltbewusst gefertigtem, chlorfrei gebleichtem und alterungsbeständigem Papier.

3. Auflage 2018
Nach den seit 2006 amtlich gültigen Regelungen der Rechtschreibung

Illustrationen: Corina Beurenmeister, Steffen Jähde, Stefan Lohr
Umschlagfoto: Fotolia
Satz: Fotosatz H. Buck, Kumhausen
Druck und Bindung: Franz X. Stückle Druck und Verlag, Ettenheim
ISBN 978-3-403-**07590**-5

www.auer-verlag.de

„Spielen wir heute ein Spiel?" ist wohl eine der häufigsten Fragen, die mir von Schülern[1] kurz vor Unterrichtsbeginn gestellt wird. Spiele sind motivierend, machen Spaß und bieten eine willkommene Abwechslung im Schulalltag.

Meine Erfahrung zeigt, dass die Schüler vor allem im Religionsunterricht eine andere Unterrichtsgestaltung erwarten als in anderen Unterrichtsfächern. Viele Lehrer schrecken jedoch vor dem Spielen im Unterricht zurück. Als Begründung wird meist angeführt, dass keine Zeit dafür wäre und der Lehrplan nicht zu erfüllen sei. Dies trifft sicherlich zu, wenn Spiele nur zu ihrem Selbstzweck und willkürlich eingesetzt werden. Es gibt jedoch zahlreiche Möglichkeiten, **Spiele thematisch in den Unterrichtsablauf einzubinden** und dabei **verschiedene Bereiche und Kompetenzen des Religionsunterrichtes** abzudecken. Dieses Buch ist mit seinen 66 Spielideen als Fundgrube zu verstehen, die Ihnen dabei behilflich sein kann.

Neben klassischen Spielen zum **Abrufen von Vorwissen oder Gelerntem** bzw. **zur Einstimmung auf Unterrichtsinhalte** werden Ihnen verschiedene Möglichkeiten aufgezeigt, wie Sie mit Ihren Schülern durch das spielerische **Aufschlagen von Bibelstellen** eine wichtige Kernkompetenz des Religionsunterrichtes einüben können. Auch für das **Kennenlernen von Bibelversen** erhalten Sie motivierende Alternativen, um die „alten und verstaubten" Texte in den Blickpunkt zu setzen. Selbst das **Erfassen von Bildinhalten** kann auf unterschiedliche Weise angebahnt werden. Aber auch **Meinungen und Erfahrungen auszutauschen** oder **Entscheidungen zu treffen**, muss nicht immer in der gleichen Art und Weise geschehen. Besonders wichtig für den Religionsunterricht finde ich, **Erfahrungen selbst wahrzunehmen**, um die thematischen Inhalte ganzheitlich zu erfassen. Auch Teamfähigkeit ist eine wichtige Kompetenz. Um Gruppen immer wieder neu zu mischen, sind Spiele zum **Finden von Arbeitspartnern** eine Abwechslung zum klassischen Abzählen.

Um Ihnen die Auswahl und Vorbereitung der Spiele zu erleichtern, können Sie sich an folgenden Symbolen orientieren:

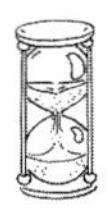
Dauer

benötigte Materialien

Hinweise zur Vorbereitung

Damit Sie wissen, was Sie für den Einsatz benötigen, sind jeder Spielidee eine kurze **Auflistung benötigter Materialien** und entsprechende **Hinweise zur Vorbereitung** vorangestellt.

1 Aufgrund der besseren Lesbarkeit ist in diesem Buch mit Schüler auch immer Schülerin gemeint, ebenso verhält es sich mit Lehrer und Lehrerin etc.

Die angegebene **Spieldauer** ist nur als Richtwert zur Orientierung aufgeführt, da diese immer von verschiedenen Faktoren wie Schüleranzahl, Klassenstufe oder Schulart abhängig ist.

An folgenden Symbolen können Sie erkennen, für welche **Sozialform** sich die jeweilige Spielidee eignet:

= Einzelspiel

= Partnerspiel

= Gruppen- oder Klassenspiel

Konkrete Beispiele zu Themen des Religionsunterrichtes runden die vorgestellten Spielideen ab. Die angegebenen Bibelstellen beziehen sich auf die Einheitsübersetzung.

Vom Einsatz der in diesem Buch vorgestellten Spielideen profitieren sowohl Sie als auch Ihre Schüler:

- Das Lernen mit verschiedenen Sinnen fördert das Abspeichern neuer Lerninhalte.
- Dem Wunsch vieler Schüler nach Bewegung wird Rechnung getragen.
- Bewegung erleichtert das Lernen, da die Konzentrationsfähigkeit wiederhergestellt wird.
- Auflockernde Spiele erhöhen die Leistungsbereitschaft der Schüler und motivieren zur Beschäftigung mit den Lerninhalten.
- Durch die spielerische Herangehensweise äußern sich auch Schüler, die sich meist kaum am Unterrichtsgespräch beteiligen. So bereichern Beiträge den Religionsunterricht, die sonst gar nicht zur Sprache gekommen wären.

Alle vorgestellten Spielideen habe ich während meines Einsatzes an verschiedenen Schularten, bei Hospitationen, im Austausch mit Kollegen sowie auf Freizeiten gesammelt und im Religionsunterricht der Sekundarstufe I erfolgreich eingesetzt. Einige Spiele sind Klassiker, andere habe ich für den Unterricht abgewandelt oder selbst entwickelt.

Lassen Sie sich überraschen und von dem motivierenden Einsatz von Spielen im Religionsunterricht überzeugen!

Doreen Blumhagen

1.1 Bibelschokolade

25 Min. | Kl. 5–10

Würfel, Bibel, Bibelstellen, Messer, Gabel, Schokolade

Suchen Sie zum Thema passende Bibelstellen heraus.

Bei diesem Spiel sitzen die Schüler im Kreis um einen Tisch. In der Mitte des Tisches liegen eine Bibel und eine eingepackte Tafel Schokolade. Die Schüler würfeln der Reihe nach. Sobald jemand eine Sechs gewürfelt hat, nennt ihm der Spielleiter eine Bibelstelle mit entsprechendem Suchauftrag. Der Schüler muss die Bibelstelle so schnell wie möglich nachschlagen und die Lösung nennen. Wenn er das geschafft hat, darf er mit Messer und Gabel die Schokolade auspacken und genießen. Bereits während des Suchens der Bibelstelle wird in der Runde weitergewürfelt. Sobald ein anderer Schüler eine Sechs gewürfelt und die dazugehörige Bibelstelle gefunden hat, wird das Besteck an diesen weitergegeben. Das Spiel endet, wenn die Schokolade aufgegessen ist.

Bibelstellen zum Thema Essen:			
Ps 119,103: Honig	Spr 25,11: Äpfel	Jon 2,1: Fisch	Joh 6,48: Brot
Hebr 5,12: Milch	Gen 18,8: Butter	Mt 7,17: Früchte	1 Sam 17,18: Käse
Offb 14,19: Trauben	Gen 43,11: Pistazien	Ex 30,23: Zimt	Jer 24,3: Feigen

1.2 Bibelrätsel

15 Min. | Kl. 5–10

Bibelrätsel
für jeden Schüler: Bibel

Bereiten Sie ein Bibelrätsel mit den entsprechenden Leerstellen und den angegebenen Bibelstellen vor. Im Internet lassen sich viele Versrätsel finden. Die Wörter für die Lücken können Sie mithilfe einer Konkordanz (z. B. unter www.bibel-online.net) festlegen.

Die Schüler erhalten eine Rätselgeschichte in Form eines Lückentextes. Mithilfe der angegebenen Bibelstellen, die sie in der Bibel nachschlagen, müssen sie die fehlenden Wörter herausfinden und das Rätsel lösen.

Ich habe zwei ________	(Hi 39,26: Körperteil des Habichts)	**Flügel**
und kann nicht ________	(Dtn 22,7: Fortbewegungsart der Mutter).	**fliegen.**
Ich habe einen ________	(Spr 19,29: Körperteil)	**Rücken**
und kann nicht ________	(Dan 10,9: letztes Wort).	**liegen.**
Ich habe ein ________	(Ez 37,7: Körperteil)	**Bein**
und kann nicht ________	(Ps 20,9: letztes Wort).	**stehen.**
Ich trage eine Brille und kann nicht ________	(Koh 11,7: letztes Wort).	**sehen.**
Du hast keine Idee, was damit gemeint ist? Das Lösungswort findest du in Ps 18,9: ________		**Nase**

1.3 Bibelstafette

15 Min. | Kl. 5–10

Lösungswort/-satz, Abc-Liste für Bibelstellen, Laufkarten
für jeden Schüler: Bibel

Bilden Sie aus der Abc-Liste mit Bibelstellen einen Lösungssatz oder ein Lösungswort (z. B. „Engel“). Für jeden Buchstaben der Lösung erstellen Sie eine Laufkarte mit Bibelstelle, Suchauftrag und Nummer, an der der gesuchte Buchstabe im Lösungswort zu finden ist. Die Laufkarten werden im Klassenzimmer verteilt.

Beispiel für eine Laufkarte zum zweiten Buchstaben des Wortes „Engel“:

Buchstabennummer	Bibelstelle	Suchauftrag
2	Hos 2,19	hat jeder Mensch

Notieren Sie an der Tafel das Lösungsschema, das die Schüler übernehmen sollen:

__ __ __ __ __
1 2 3 4 5

Die Schüler suchen im Klassenzimmer nach den Laufkarten, merken sich die Bibelstelle sowie den Suchauftrag und gehen zurück an ihren Platz. Es ist nicht erlaubt, Zettel oder Stift mit zu einer Laufkarte zu nehmen. Am Platz schlagen sie in der Bibel nach, notieren sich das Lösungswort und markieren den ersten Buchstaben des Wortes. Haben die Schüler alle Buchstaben gefunden, erhalten sie das Lösungswort. Dieses Spiel eignet sich z. B. als Einstieg in ein Thema, indem die Überschrift der neuen Unterrichtseinheit gesucht wird.

Tipp: Wenn Sie Buchstaben mehrmals brauchen, können Sie weitere passende Wörter mithilfe einer Konkordanz (z. B. www.bibel-online.net) finden.

Lösungsbuchstabe	Bibelstelle	Lösungshilfe
Ameise	Spr 6,6	Tier
Baum	Mt 7,17	Pflanze
Chronik	2 Kön 21,25	Dokument
Durst	Ps 104,11	Bedürfnis
Engel	Offb 9,14	Bote
Feigen	Jer 24,3	Früchte
Gebote	1 Kor 14,37	Regeln
Hirte	Mt 25,32	Beruf
Insel	Apg 27,26	Urlaubsziel
Jahr	Neh 5,14	Zeitspanne
König	Jer 27,3	Persönlichkeit
Löwe	Spr 22,13	Raubtier

Lösungsbuchstabe	Bibelstelle	Lösungshilfe
Meer	Jon 1,15	Gewässer
Name	Hos 2,19	hat jeder Mensch
Ofen	Dan 3,49	Wärmequelle
Perle	Mt 13,46	Schmuck
Quelle	Gen 16,7	Ursprung
Riese	Num 13,33	Märchenwesen
Stern	Mt 2,10	am Himmel
Taube	Lk 3,22	Vogel
Unschuld	Ps 73,13	Zustand
Volk	Esra 3,13	Menschen
Wüste	Jes 21,1	Ort
Zwölf	Gen 49,28	Zahl

Tafel, Magnet, Bibelstellen
für jeden Schüler: Bibel

Zeichnen Sie folgendes Fußballfeld mit Toren, Strafräumen, Elfmeterpunkten und Mittelkreis an die Tafel:

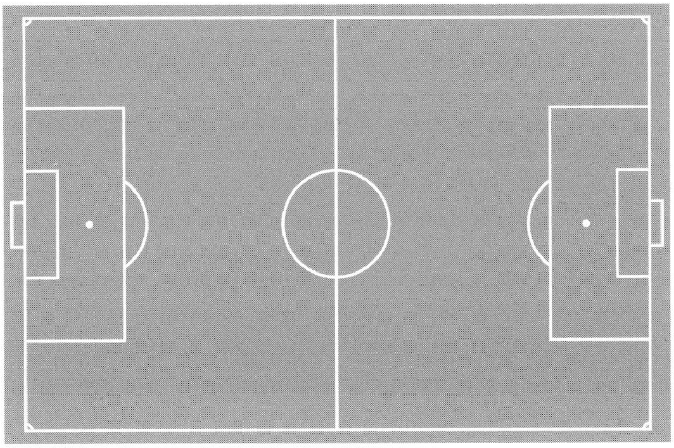

Im Mittelkreis wird ein Magnet als Ball angeheftet.

Teilen Sie die Klasse in zwei Gruppen ein, die gegeneinander spielen, und legen Sie deren Tore fest. Lesen Sie eine Bibelstelle mit dem entsprechenden Suchauftrag vor. Nun geht es um Schnelligkeit. Die Gruppe, die als Erste die Bibelstelle aufgeschlagen hat und die passende Lösung nennen kann, stürmt mit dem „Ball" in Richtung des gegnerischen Tores bis zum Elfmeterpunkt, indem der Magnet auf diesen geschoben wird. Findet die Gruppe auch bei der nächsten Bibelstelle als Erste die richtige Lösung, erzielt sie ein Tor und das Spiel beginnt an der Mittellinie von Neuem. Ist bei der zweiten Suche die andere Gruppe schneller, kann sie das Tor verhindern und den Ball zurück zur Mittellinie schlagen.

Tipp: Befindet sich ein besonders guter Spieler in einer Gruppe, der immer als erster die Bibelstellen findet, verlieren die anderen Schüler oft sehr schnell die Motivation. Hier empfiehlt es sich, die Regel einzuführen, dass derjenige, der als letzter die richtige Bibelstelle gefunden hat, bei der nächsten Suche seine Bibel geschlossen halten muss.

Bibelstellen zum Thema Körperteile:

Hi 13,27: Füße	Hld 4,2: Zähne	1 Kor 6,13: Bauch	Offb 10,10: Magen
Joh 14,1: Herz	Jer 52,21: Finger	Am 2,15: Beine	2 Sam 22,37: Knöchel
Ps 34,2: Mund	Mt 7,3: Augen	Röm 11,4: Knie	Jes 9,5: Schulter

1.5 Bibelschießen

25 Min. Kl. 5–6

Bibelstellen mit Zahlangaben, Korb oder Eimer, drei Tennisbälle
für jeden Schüler: Bibel

Stellen Sie Bibelstellen, in denen die Zahlen 1, 2 oder 3 vorkommen, zusammen. Dabei kann eine Konkordanz, z. B. auf www.bibel-online.de, hilfreich sein.

Teilen Sie die Klasse in zwei bis vier Gruppen ein. Nennen Sie eine Bibelstelle, in der eine der Zahlen 1, 2 oder 3 vorkommt. Die Gruppe, die als Erste die richtige Bibelstelle gefunden hat, ruft „Stopp" und liest diese vor. Anschließend versucht einer aus der Gruppe, so viele Tennisbälle wie in der Bibelstelle angegeben in einen Eimer zu schießen. Für jeden Treffer erhält die Gruppe des Schülers einen Punkt. Sobald diese der Gruppe gutgeschrieben wurden, beginnt die nächste Runde.

Wurfanzahl	Bibelstellen						
1	Joh 17,22	Lk 15,4	Ez 37,17	Ez 19,3	Hi 9,3	Joh 10,30	Joh 17,21
2	2 Kön 5,23	Ex 28,25	Mt 25,22	Mk 15,27	Num 6,10	Lk 10,1	Apg 12,6
3	2 Chr 4,4	Offb 21,13	Gen 40,12	Mt 12,40	Jon 2,1	1 Kön 7,25	Jos 3,2

1.6 Bibel hoch!

20 Min. Kl. 5–7

Bibelstellen
für jeden Schüler: Bibel

Suchen Sie zum Thema passende Bibelstellen heraus.

Die Schüler sitzen im Kreis und halten eine Bibel in der Hand. Geben Sie das Kommando „Bibel hoch!", müssen alle Schüler die geschlossene Bibel mit einer Hand über den Kopf halten, ohne dass ein Finger zwischen den Seiten steckt. Nennen Sie die gesuchte Bibelstelle. Auf ein Startzeichen hin beginnen die Schüler, die genannte Bibelstelle nachzuschlagen. Wer diese als Erstes gefunden hat, ruft „Stopp" und liest sie vor. Anschließend wird die Bibelstelle im Plenum besprochen und ausgelegt.

Bibelstellen zum Thema Gottesbilder:			
Ps 27,1: Licht	Ps 103,13: Vater	Ps 31,4: Burg	Ps 50,6: Richter
Ps 36,10: Quelle	Ps 18,3: Fels	Ps 84,12: Sonne	Ps 47,3: König

2.1 Bibelpuzzle

10 Min. | Kl. 5–10

für jede Gruppe: Briefumschlag, Verspuzzle

Bereiten Sie Puzzlekarten vor, indem Sie jeweils einen Bibelvers oder einen längeren Bibeltext in großer Schrift auf jeweils ein Blatt drucken oder schreiben. Laminieren Sie die Blätter, wenn Sie die Puzzles mehrfach verwenden wollen. Fertigen Sie schließlich die Puzzleteile an, indem Sie entweder einzelne Wörter oder kurze Satzteile ausschneiden. Stecken Sie die Puzzles jeweils in einen Briefumschlag.

Jede Gruppe erhält einen Briefumschlag mit einem Puzzle darin. Auf ein Startzeichen werden die Briefumschläge geöffnet und die Gruppen versuchen, die Worte bzw. Satzteile so schnell wie möglich in die richtige Reihenfolge zu bringen. Die Gruppe, die der Meinung ist, dass sie den Satz richtig zusammengesetzt hat, ruft „Stopp" und liest den gefundenen Satz laut vor. Ist die Lösung falsch, wird weitergepuzzelt, ist die Lösung richtig, können die Schüler den Satz in ihr Heft übertragen.

mir	Herr	mein	Der	Hirte,	nichts	ist	wird	fehlen.

2.2 Bibelversrennen

25 Min. | Kl. 5–7

zwei Bibelverse, Kopierpapier in zwei unterschiedlichen Farben

Bereiten Sie zwei thematisch passende Bibelverse in vergrößerter Schrift auf verschiedenfarbigem Kopierpapier vor. Je Bibelvers sollten drei bis vier Abzüge im Klassenzimmer verteilt werden.

Verteilen Sie die Bibeltexte gleichmäßig im Klassenzimmer. Die Partner entscheiden sich jeweils für eine Farbe, sodass klar ist, wer zu welchem Bibeltext gehen muss. Geben Sie das Signal, dass das Rennen zur Bibelstelle mit der Farbe X beginnt. Der Schüler, der die Farbe X gewählt hat, geht zum Bibeltext, liest die ersten Wörter bzw. den ersten Satz, geht zurück zu seinem Partner und diktiert diesem, was er sich gemerkt hat. Hat der Partner alles aufgeschrieben, geht der Läufer wieder zum Bibeltext. Achten Sie darauf, dass die Schüler nicht rennen (Verletzungsgefahr). Wurde der gesamte Bibelvers notiert, werden die Rollen getauscht und der zweite Bibelvers erarbeitet. Das erste Paar, das beide Verse komplettiert hat, ruft „Stopp" und die Zeit wird notiert.

Tipp: Fallen Schüler negativ auf, können Strafsekunden verhängt werden.

Bibelvers 1: Gott segnete sie und Gott sprach zu ihnen: Seid fruchtbar und vermehrt euch, bevölkert die Erde, unterwerft sie euch und herrscht über die Fische des Meeres, über die Vögel des Himmels und über alle Tiere, die sich auf dem Land regen. (Gen 1,28)
Bibelvers 2: Gott, der Herr, nahm also den Menschen und setzte ihn in den Garten von Eden, damit er ihn bebaue und hüte. (Gen 2,15)

2.3 Glückswürfel

15 Min. Kl. 5–10

Bibelvers, ein großer Würfel (z. B. aus Schaumstoff)

Bereiten Sie einen Bibelvers mit Leerstellen vor.

Teilen Sie die Klasse in Gruppen von drei bis vier Schülern ein. Die Gruppen überlegen sich einen Namen, der für die Punkterechnung an der Tafel festgehalten wird.

Schreiben Sie den gesuchten Bibelvers / Begriff als Rätsel an die Tafel. Für jeden gesuchten Buchstaben ziehen Sie einen Strich.

Nun beginnt das Spiel, indem die erste Gruppe würfelt. Zeigt der Würfel eine Eins, Zwei, Drei oder Vier, darf die Gruppe einen Konsonanten nennen. Ist dieser im Rätsel nicht enthalten, erhält sie keine Punkte und die nächste Gruppe ist an der Reihe. Ist der Konsonant enthalten, ergänzen Sie ihn an allen entsprechenden Stellen im Rätsel. Die Zahl, wie oft der gefundene Konsonant vorkommt, wird mit den Augen auf dem Würfel multipliziert und der Gruppe gutgeschrieben. Die Gruppe darf so lange würfeln und raten, bis ein von ihnen genannter Konsonant nicht im Lösungssatz vorkommt.

Wird eine Fünf gewürfelt, muss die Gruppe aussetzen. Sie darf keinen Buchstaben nennen und die nächste Gruppe ist an der Reihe. Bei einer Sechs werden alle Punkte der aktuellen Runde gelöscht.

Für Vokale gibt es keine Punkte. Diese müssen für vier Punkte gekauft werden.

Wenn eine Gruppe den Satz lösen kann, erhält sie als Bonus 10 Punkte.

Punkteübersicht:

1 = 1 P.	2 = 2 P.	3 = 3 P.	4 = 4 P.
5 = Aussetzen	6 = Bankrott	Vokal = –4 P.	Lösung: 10 P.

Gewonnen hat die Gruppe, die am Ende die meisten Punkte erspielt hat.

_ _ _   _ _ _   _ _ _   _ _ _ _ _   _ _ _   _ _ _ _

(_ _ _ 8,12)

Lösung: Ich bin das Licht der Welt.
(Joh 8,12)

für jeden Schüler: Bibelvers in Geheimschrift

Bereiten Sie einen Bibelvers mit dem entsprechenden Geheimcode vor. Der Geheimcode kann je nach Klassenstufe in verschiedenen Schwierigkeitsstufen vorgegeben werden.

Jeder Schüler erhält denselben verschlüsselten Bibelvers und evtl. den Lösungscode. Unten finden Sie vier Beispiele für Verschlüsselungsmöglichkeiten. Die Aufgabe der Schüler ist es, den Bibelvers zu entschlüsseln.

Ihr seid das Salz der Erde. (Mt 5,13)

1. Anfangsbuchstaben von Symbolen ( = Insel)

[ ][ ][ ] [ ][ ][ ][ ] [ ][ ][ ] [ ][ ][ ][ ]

[ ][ ][ ] [ ][ ][ ][ ] ([ ][ ] [ ][ ])

 . (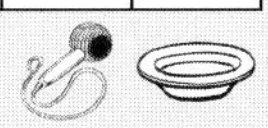 5, 13)

2. Bibelvers rückwärts geschrieben

R H I   D I E S   S A D   Z L A S

[ ][ ][ ] [ ][ ][ ][ ] [ ][ ][ ] [ ][ ][ ][ ]

R E D   E D R E   (T M   31, 5)

[ ][ ][ ] [ ][ ][ ][ ] ([ ][ ] [ ][ ])

3. Zahl = Buchstabe (1 = A, 2 = B, usw.)

9 8 18   19 5 9 4   4 1 19   19 1 12 26

[ ][ ][ ] [ ][ ][ ][ ] [ ][A][ ] [ ][A][ ][ ]

4 5 18   5 18 4 5   (13 20   E, M)

[ ][ ][ ] [ ][ ][ ][ ] ([ ][ ] [ ][ ])

4. Buchstabe jeweils um einen im Alphabet versetzt (z. B. A = Z, B = A, usw.)

H G Q   R D H C   C Z R   R Z K Y

[ ][ ][ ] [ ][ ][ ][ ] [ ][ ][ ] [ ][ ][ ][ ]

C D Q   D Q C D   (L S

[ ][ ][ ] [ ][ ][ ][ ] ([ ][ ] [5,][13])

einfache Zusatzmaterialien wie Stifte, Zeitungen, Papier usw.
für jede Gruppe: Bibelverse / kurzer Bibeltext

Bereiten Sie für jede Gruppe ein Textblatt mit den zu erarbeitenden Bibelversen vor. Jede Gruppe erhält einen anderen Text.
Für die Bearbeitung des Spiels müssen Sie außerdem verschiedene Materialien (abhängig vom Bibeltext) an einem zentralen Ort im Klassenzimmer so zur Verfügung stellen, dass alle Schüler diese nutzen können.

Teilen Sie die Klasse in Gruppen ein. Jede zieht ein Textblatt mit einem Bibelvers bzw. kurzem Bibeltext. Nachdem die Schüler diesen gelesen haben, sollen sie sich in zehn Minuten eine Aufgabe ausdenken, die mit dem Inhalt des Verses zu tun hat. Diese Aufgabe muss mithilfe des zur Verfügung stehenden Materials innerhalb von fünf Minuten lösbar sein. Die ausgedachten Aufgaben (mit kurzer Inhaltsangabe) werden von den Gruppen auf einen Zettel geschrieben und im Uhrzeigersinn an eine andere Gruppe weitergegeben. Nun hat jede Gruppe fünf Minuten Zeit, die Aufgabe zu lösen. Die Lösungen werden anschließend im Plenum vorgeführt.

Thema: Pfingsten

Gruppe 1: Apg 2,1–13
Nachdem der Heilige Geist zu den Jüngern kam, predigten diese in verschiedenen Sprachen von Gott.
Mögliche Aufgabe: Sammelt in der Gruppe so viele Übersetzungen des Wortes „Hallo" in verschiedene Sprachen wie möglich.

Gruppe 2: Apg 2,14–36
Petrus erzählt in seiner Predigt den Menschen vom Leben Jesu.
Mögliche Aufgabe: Spielt den anderen eine Szene aus dem Leben Jesu vor.

Gruppe 3: Apg 2,37–47
Nach der Pfingstpredigt des Petrus ließen sich viele Menschen taufen und lebten nach Jesu Vorbild.
Mögliche Aufgabe: Überlegt euch fünf Aufnahmebedingungen, die die junge christliche Gemeinschaft an ihre neuen Mitglieder gestellt haben könnte.

3.1 Entscheidungslinie

10 Min. | Kl. 5–10

Kreide oder Seil, Positionskarten (mindestens DIN A4)

Bereiten Sie auf zwei DIN-A4-Blättern mit kurzen Stichworten zwei unterschiedliche Positionen zu einem Thema vor, z. B. „Ja, ich stimme zu“ und „Nein, ich stimme nicht zu“.
Markieren Sie mit dem Seil oder der Kreide eine Linie. Diese sollte bei zehn Schülern etwa zehn Meter betragen. Am besten nutzen Sie die längste Seite des Klassenzimmers. An die jeweiligen Enden der Linie legen Sie jeweils eine der vorbereiteten Positionskarten. Günstig ist es außerdem, den Mittelpunkt der Linie zu markieren. Dieser ist für Schüler, die sich nicht klar für eine Position entscheiden können, gedacht.

Stellen Sie den Schülern eine Entscheidungsfrage. Die Schüler sollen ihren Standpunkt zu dieser Frage darstellen, indem sie sich innerhalb der Meinungslinie an die Position stellen, die ihre Meinung wiedergibt. Stimmen Sie der Aussage voll und ganz zu, stellen sie sich sehr nah an die entsprechende Positionskarte heran. Sie können auch eine Tendenz ausdrücken, indem sie sich näher oder weiter weg von der Mittellinie aufstellen.

Das entstandene Meinungsbild wird gemeinsam interpretiert und ausgewertet. Dies ist in unterschiedlicher Weise möglich:

- Auszählen der Positionen nach ja – unsicher – nein
- Nachfragen: „Warum hast du dich hier eingeordnet?“ (Am besten befragen Sie zwei Schüler mit sehr unterschiedlichen Positionen.)
- Meinungsaustausch zwischen Schülern mit ähnlicher Position

Zusätzlich können Sie die Schüler auffordern, ihre Einstellung durch eine entsprechende Körperhaltung zu unterstreichen.

Tipp: Interessant ist es, dieses Spiel nach der Beschäftigung mit einem Thema noch einmal zu wiederholen. Haben sich die Standpunkte geändert?

Mögliche Entscheidungsfragen:

- Sind Notlügen erlaubt?
- Ist die Bibel heute noch aktuell?
- Glaubst du an die Auferstehung?

3.2 Begründungskette

10 Min. | Kl. 5–10

keins

Formulieren Sie Anfangsthesen zum Thema. (optional)

Im Sitzkreis wird von Ihnen selbst oder einem Schüler eine These zum vorgegebenen Thema formuliert. Die Schüler haben nun die Aufgabe, im Uhrzeigersinn jeweils eine Begründung für diese Aussage zu finden. Die Begründungen dürfen sich nicht wiederholen. Mit jedem Schüler wird der Schwierigkeitsgrad höher, da genau zugehört werden muss, was bereits genannt wurde. Findet ein Schüler keine neue Begründung, bricht die Kette ab und das Spiel beginnt mit einer neuen Aussage von vorn. Eine motivierende Regel ist es, dass jeder, der keinen Grund nennen kann, etwas Bestimmtes tun muss (z. B. einen Pfand abgeben).

Thema: Warum kommen Menschen vom Weg ab?

These: Viele Jugendliche werden wegen ihres sozialen Umfeldes straffällig, ...
Begründungskette: ... weil sie von ihren Eltern zu wenig Zuwendung bekommen / ... weil sie „in" sein wollen / ... weil sie keine berufliche Perspektive haben / ... weil sie von ihrer Clique dazu verführt werden ...

3.3 Der Richterspruch

10 Min. | Kl. 5–10

drei Stühle, Tafel

Formulieren Sie Entscheidungsfragen zum Thema.

Stellen Sie der Klasse eine Entscheidungsfrage und schreiben Sie diese zur Visualisierung an die Tafel. Teilen Sie nun die Klasse in eine linke und eine rechte Hälfte. Die linke Seite soll sich hingegen, unabhängig von ihrer persönlichen Meinung, ablehnende Argumente, die rechte Seite zustimmende Argumente überlegen. Stellen Sie anschließend drei Stühle in einer Reihe vor die Klasse. Ein Schüler kommt nach vorn und spielt die Rolle des Richters. Zunächst setzt er sich auf den mittleren Stuhl. Die Schüler tragen ihre gefundenen Argumente vor. Der Richter bewertet diese, indem er seinen Platz wechselt. Ist er von einem zustimmenden Argument überzeugt, setzt er sich auf den linken Stuhl, überzeugt ihn ein ablehnendes Argument, wechselt er auf den rechten Stuhl. Nachdem die Schüler ihre Argumente genannt haben, muss der Richter eine Entscheidung fällen und diese begründen.

Thema: Sterbehilfe

Soll aktive Sterbehilfe in Deutschland erlaubt werden?

3.4 Ampelspiel

30 Min. Kl. 7–10

Fragekarten zum Thema, Briefumschlag
für jeden Schüler: rote, gelbe und grüne Karte

Bereiten Sie Fragen zu einem Thema vor, die zur Diskussion anregen. Pro Schüler sollten mindestens zwei Fragekarten zur Verfügung stehen. Stecken Sie die Fragekarten in einen Briefumschlag.

Die Schüler sitzen in einem Kreis und erhalten jeweils eine rote, eine gelbe und eine grüne Karte. Diese haben folgende Bedeutungen:

- Grün: Ja, das würde ich tun bzw. ich stimme zu, weil …
- Gelb: Ja, ich würde es tun, aber …
- Rot: Nein, das würde ich nicht tun, weil …

Ein Schüler beginnt, indem er eine Fragekarte aus dem Briefumschlag zieht und laut vorliest. Alle Schüler haben kurz Zeit, um sich zu überlegen, wie sie diese Frage beantworten würden. Dabei darf sich nicht unterhalten werden. Anschließend zählt der Schüler, der die Karte gezogen hat bis drei und alle heben gleichzeitig ihre gewählte Farbkarte. Der Fragensteller begründet als Erster, warum er seine Farbe gewählt hat. Danach befragt er drei weitere Schüler zu deren Meinung. Brisante Fragen können anschließend von der ganzen Gruppe diskutiert werden. Wenn es keine Äußerungen mehr zur Frage gibt, wird eine neue Karte gezogen. Der nächste Schüler im Uhrzeigersinn ist an der Reihe.

Thema: Übersinnliches und Aberglaube

Würdest du zu einem Wunderheiler gehen, wenn du unheilbar krank wärst?	Glaubst du, dass man mit Verstorbenen Kontakt aufnehmen kann?	Glaubst du, dass Menschen durch ihre Gedanken Gegenstände bewegen können?
Glaubst du, dass die Beschäftigung mit dem Okkultismus gefährlich sein kann?	Glaubst du, dass Menschen in die Zukunft sehen können?	Glaubst du, dass Sterne und Planeten das menschliche Leben beeinflussen?
Würdest du gerne einmal an einer Geisterbeschwörung teilnehmen?	Glaubst du, dass es Menschen gibt, die anderen durch Wünsche und Gedanken Schaden zufügen?	Hast du Glücksbringer, die dir in deinem Leben helfen?

Würfel

keine

Geben Sie den Schülern die Aufgabe, sich Situationen zum Unterrichtsthema zu überlegen, in denen es ihnen schwer gefallen ist, eine Entscheidung zu treffen. Bei schwächeren Schülern ist es sinnvoll, diese schriftlich formulieren zu lassen.
Teilen Sie die Klasse anschließend in zwei oder drei große Gruppen ein. Die thematische Auseinandersetzung beinhaltet eine Entscheidungsfindung und -begründung. Dazu würfeln die Schüler einer Gruppe der Reihe nach einmal und gehen folgendermaßen vor:

1. Der Schüler, der als Erster eine Sechs gewürfelt hat, erzählt den anderen von seiner Situation, in der er sich nicht entscheiden konnte.

2. Der nächste Schüler, der eine Eins würfelt, muss eine Entscheidung fällen, wie er in der geschilderten Situation reagiert hätte.

3. Der Schüler, der direkt nach dem Schüler an der Reihe ist, der die Entscheidung gefällt hat, muss so viele Begründungen für diese finden, wie er Augen würfelt. Für jeden sinnvollen Grund erhält er einen Punkt.

Der Schüler mit den meisten Punkten ist am Ende des Spiels der Gewinner.

Thema: Konflikte

In welchen Situationen wusstest du nicht, wie du einen Streit mit deinen Eltern am besten lösen könntest?

4.1 Ich packe meinen Koffer

15 Min. | Kl. 5–7

keins

keine

Das bekannte Spiel „Ich packe meinen Koffer …" kann auf verschiedene Themen des Religionsunterrichts übertragen werden. Der erste Schüler sagt beispielsweise „In der Kirche gibt es einen Altar". Der nächste Schüler wiederholt den genannten Einrichtungsgegenstand und fügt einen weiteren hinzu, z. B. „In der Kirche gibt es einen Altar und eine Kanzel". Das Spiel setzt sich nach diesem Muster fort. Wer einen Gegenstand bei der Aufzählung vergisst, scheidet aus. Der letzte Schüler, der alle Gegenstände der Reihe nach aufzählen kann, gewinnt.

- „In einer Moschee / Synagoge gibt es …"
- „Zur Zeit Jesu gab es …"
- „In der Bergpredigt heißt es, …"

4.2 Tabu® rückwärts

15 Min. | Kl. 5–10

Tabu®-Karten, Stoppuhr

Bereiten Sie Tabu®-Karten zum Thema vor. Suchen Sie dazu zu jedem Oberbegriff vier Hinweise, die man in jeder Definition des Begriffs verwenden würde. Laminieren Sie die Karten und schneiden Sie diese aus.

Teilen Sie die Klasse in zwei bis drei Gruppen ein. Ein Schüler nimmt eine Tabu®-Karte vom Stapel. Seine Aufgabe ist es, seiner Gruppe, die eigentlich „verbotenen" Begriffe vorzulesen. Seine Gruppe muss nun erraten, welcher Oberbegriff gesucht ist. Je nachdem, wie viele Begriffe genannt werden mussten, um das gesuchte Wort zu erraten, gibt es unterschiedliche Punkte:

- 1 Begriff wurde vorgelesen: 4 P
- 2 Begriffe wurden vorgelesen: 3 P
- 3 Begriffe wurden vorgelesen: 2 P
- 4 Begriffe wurden vorgelesen: 1 P
- Das gesuchte Wort wurde nicht erraten: 0 P

Der Schüler kann selbst entscheiden, in welcher Reihenfolge er die vorgegebenen Begriffe vorliest, um es seinen Gruppenmitgliedern so leicht wie möglich zu machen.
Die Punkte werden notiert und die nächste Gruppe ist an der Reihe.

Thema: Symbol Kreuz		
Kreuzung Weg Straße Ampel Fahrzeuge	**Grabkreuz** Inschrift Friedhof Tod Ruhestätte	**Kreuzotter** Schlange Kriechen Zacken Gift

4.3 Bingo

Quizfragen, Tafel

Zeichnen Sie als Vorlage ein Spielfeld mit drei mal drei Feldern (bei mehreren Begriffen auch vier mal vier Felder möglich) an die Tafel, das die Schüler in ihren Hefter oder auf einen Notizzettel übernehmen sollen.

Geben Sie den Schülern Begriffe zum Thema vor, die in das Spielfeld eingetragen werden dürfen. Je nach Schwierigkeitsgrad können Sie die Begriffe ansagen oder an die Tafel schreiben. Es sollten mehr Begriffe sein als das Spielfeld Kästchen hat.
Nachdem die Schüler ihre Quadrate gefüllt haben, lesen Sie entsprechende Definitionen vor, die von den Schülern den passenden Begriffen zugeordnet werden müssen. Passen eine Definition und ein Begriff zusammen, macht der Schüler ein Kreuz in dieses Feld. Lassen Sie kurz Zeit und lesen Sie die nächste Definition vor. **Achtung:** Es findet noch keine Auflösung statt, die Schüler müssen selbst wissen, ob ihr Begriff gemeint war oder nicht.
Ziel ist es, ein „Bingo" zu erreichen. Dieses liegt vor, wenn ein Schüler alle Begriffe einer Dreierreihe waagrecht, senkrecht oder diagonal angekreuzt hat. Ist ihm das gelungen, ruft er laut „Bingo". Anschließend wird im Plenum verglichen, ob es sich wirklich um die genannten Begriffe handelt. Sollte sich ein Fehler eingeschlichen haben, wird das Spiel fortgesetzt.

Tipp: Um das Spiel einfacher zu gestalten, können Sie verschiedene Definitionen für denselben Begriff ansagen, sodass der Begriff auch angekreuzt werden kann, wenn die Schüler eine Definition nicht zuordnen konnten.

Weihnachten x	Palm- sonntag	Christi Himmelfahrt
Advent	Erntedank x	Grün- donnerstag
Karfreitag	Ostern	Epiphanias x

Bingo zum Kirchenjahr

Begriffe für das Spielfeld, aus denen die Schüler frei wählen können:
Advent, Weihnachten, Epiphanias, Palmsonntag, Gründonnerstag, Karfreitag, Ostern, Christi Himmelfahrt, Pfingsten, Erntedank, Ewigkeitssonntag

Advent: Vorbereitung auf die Geburt Jesu

Epiphanias: Könige brachten Jesus Geschenke.

Weihnachten: Geburt Jesu

Ostern: ältestes und wichtigstes Fest

Palmsonntag: Jesus zieht auf einem Esel in Jerusalem ein.

Gründonnerstag: das letzte Abendmahl

Karfreitag: Jesus wird gekreuzigt.

Ostern: Jesus ist auferstanden.

Christi Himmelfahrt: 40 Tage nach Ostern

Pfingsten: Geburtstag der Kirche

Erntedank: Dank für die Schöpfung

Ewigkeitssonntag: Erinnerung an die Verstorbenen und Hoffnung auf das Ewige Leben

4.4 Halli Galli®

25 Min. | Kl. 5–10

für jede Gruppe: Tischglocke (alternativ: Taschentuchpäckchen oder Schwamm)
für jeden Schüler: ca. 50 Begriffskarten

Wählen Sie ein Thema, bei dem zwei Oberbegriffe voneinander abgegrenzt werden sollen. Jeder Begriff, der den beiden Oberbegriffen zugeordnet werden soll, muss auf eine extra Begriffskarte geschrieben werden. Für die längere Haltbarkeit der Begriffskarten empfiehlt es sich, diese vor dem Einsatz zu laminieren.

Alle Schüler einer Gruppe sitzen um einen Tisch. Die Karten eines Begriffssatzes werden gleichmäßig an alle Gruppenmitglieder verteilt. Jeder Schüler legt die Karten mit der Rückseite nach oben als Stapel vor sich auf den Tisch. Die Glocke wird in die Mitte des Tisches gestellt, sodass diese von allen Schülern möglichst gleich weit entfernt ist.

Alle Spieler decken jeweils gleichzeitig eine Karte nach der anderen auf und legen diese vor sich auf den Tisch.

Liegen nur Begriffskarten auf dem Tisch, die einem gemeinsamen Oberbegriff zugeordnet werden können, gilt es, so schnell wie möglich auf die Glocke zu schlagen. Der Schnellste bekommt alle Karten, die aufgedeckt auf dem Tisch liegen. Danach beginnt eine neue Runde.

Handelt es sich bei allen aufgedeckten Karten um Begriffe, die beiden Oberbegriffen zuzuordnen sind, wird weitergespielt.

Sollte sich ein Schüler irren und falsch klingeln, muss er an jeden seiner Mitschüler eine seiner Karten abgeben und das Spiel geht weiter. **Achtung:** Gehört ein Begriff zu beiden Oberbegriffen, gilt dieser für beide.

Gewonnen hat der Schüler, der am Ende alle Karten besitzt.

Mögliche Begriffe zum Thema „evangelisch / katholisch":

evangelisch: Reformation, Martin Luther, Reformationstag, Talar, Pfarrerin, Abendmahl, Konfirmation

katholisch: Messe, Kreuzzeichen, Tabernakel, Messgewand, Beichte, Fronleichnam, Marienverehrung, Firmung, Papst, Weihwasser, Beichtstuhl, Allerheiligen, Eucharistie, Ewiges Licht

gemeinsam: Vaterunser, Bibel, Pfingsten, Gottesdienst, Glaubensbekenntnis, Ostern, Lieder, Taufe, Weihnachten, Altar, Orgel, Kanzel

4.5 Tic Tac Toe

15 Min. | Kl. 5–7

Tafel, mindestens drei Quizfragen pro Feld

Bereiten Sie mindestens 27 Quizfragen zu einem ausgewählten Thema vor.

Zeichnen Sie ein Tic-Tac-Toe-Feld an die Tafel. Jedes Feld erhält eine Zahl zwischen 1 und 9. Die Reihenfolge ist dabei egal.
Teilen Sie die Klasse in zwei Gruppen ein. Jede erhält ein eigenes Zeichen.
Die erste Gruppe wählt eine Nummer des Spielfeldes und bekommt die entsprechende Frage gestellt. Kann die Gruppe die Frage beantworten, darf sie ihr Zeichen in das entsprechende Feld setzen und die andere Gruppe ist an der Reihe. Wird eine Frage falsch beantwortet, bleibt das Feld leer und es darf kein Zeichen gesetzt werden. Die Frage wird aufgelöst und das Feld kann in der nächsten Runde wieder mit einer neuen Frage ausgewählt werden.
Um zu gewinnen, muss es eine Gruppe schaffen, drei ihrer Zeichen waagrecht, senkrecht oder diagonal zu setzen.

7	3	9
1	8	4
6	2	5

Gruppe 1: X
Gruppe 2: O

4.6 Vorsagen erlaubt

20 Min. | Kl. 5–10

Quizfragen, Stühle

keine

Teilen Sie die Klasse in Gruppen mit fünf bis zehn Schülern ein. Diese setzen sich in einer Stuhlreihe hintereinander. Stellen Sie den Schülern eine Frage. Diese darf nur vom ersten Schüler einer Reihe laut beantwortet werden. Sollte dieser die Antwort nicht wissen, können ihm seine Gruppenmitglieder helfen. Wenn z. B. ein Schüler aus der Mitte die Antwort weiß, gibt er diese durch „Stille Post" weiter nach vorn, bis die Antwort beim ersten Spieler angekommen ist. Der Spieler, der das richtige Ergebnis als erster laut genannt hat, steht auf und setzt sich ans Ende der Reihe. Dementsprechend rutschen alle Gruppenmitglieder einen Stuhl nach vorn. Gewonnen hat die Gruppe, die als Erste wieder in ihrer Ausgangsposition sitzt.

4.7 Schnelligkeitsquiz

15 Min. | Kl. 5–10

Tischglocke, Quizfragen

Bereiten Sie Aufträge vor, bei denen die Schüler mehrere Teilaufgaben lösen müssen (siehe Beispiele).

Teilen Sie die Klasse in Gruppen mit drei bis vier Schülern ein. Jede Gruppe denkt sich einen Namen aus, der an die Tafel geschrieben wird, um die erkämpften Punkte festzuhalten. Auf dem Lehrerpult befindet sich eine Tischglocke, die jeweils ein Mitglied der Gruppe leicht erreichen sollte. Stellen Sie den Schülern eine Aufgabe, bei der mehrere Begriffe gesammelt werden müssen. Sobald die Gruppe die Aufgabe gelöst hat, läuft ein Mitglied nach vorn zur Glocke und betätigt diese. Sobald die Glocke zu hören ist, müssen alle Gruppen mit der Beantwortung aufhören. Derjenige, der die Glocke betätigt hat, nennt das Gruppenergebnis. Alle Gruppen vergleichen nun ihr Ergebnis.
Nach jeder Runde werden die erreichten Punkte der einzelnen Gruppen an der Tafel angeschrieben und zusammengerechnet. Anschließend wird eine weitere Aufgabe genannt. Es gewinnt die Gruppe mit den meisten erreichten Punkten.

- richtiger Begriff = 1 P.
- unvollständiger Begriff = 0 P.
- falscher Begriff = –1 P.
- schnellste Gruppe = 2 P.

- fünf Einrichtungsgegenstände einer Synagoge
- Zehn Gebote
- fünf Heilungsgeschichten Jesu

4.8 Der „heiße Stuhl"

15 Min. | Kl. 5–10

Religionshefter, Stuhl

keine

Teilen Sie die Klasse in zwei Gruppen ein. Vor der Klasse steht ein leerer Stuhl, der „heiße Stuhl". Die erste Gruppe wählt einen Schüler aus, der auf diesem Platz nimmt. Die andere Gruppe stellt dem Schüler mithilfe ihrer Aufzeichnungen im Hefter Fragen zum Unterrichtsthema. Für jede richtig beantwortete Frage erhält die Gruppe des Befragten einen Punkt. Sobald der Schüler auf dem „heißen Stuhl" eine Frage nicht richtig beantworten kann, muss er seinen Platz räumen und ein Schüler der anderen Gruppe versucht, so viele Punkte wie mögliche für sein Team beim Beantworten von Fragen zu erreichen.

Mögliche Schülerfragen zum Thema Diakonie:

- Nenne ein Werk der Barmherzigkeit.
  Antwort: Ich war durstig und ihr habt mir zu essen gegeben → 1 Punkt
- Wer eröffnete in Winnenden die erste „Rettungsanstalt" für Kinder?
  Antwort: Pfarrer Friedrich Heim → 1 Punkt

4.9 Dalli Dalli®

15 Min. | Kl. 5–10

für jede Gruppe: Eier- oder Stoppuhr, Schreibblatt

keine

Variante 1:
Teilen Sie die Klasse in Gruppen ein. Jede Gruppe sitzt gemeinsam an einem Tisch, auf dem ein Schreibblatt liegt. Es wird eine Arbeitszeit vereinbart (z. B. zwei Minuten), in der die Gruppe so viele Begriffe wie möglich zu einem vorgegebenen Thema finden und aufschreiben soll. Anschließend werden die Begriffe an der Tafel zusammengetragen (z. B. in Form einer Mindmap).
Es ist möglich, Punkte zu verteilen:

- ▶ Begriff wurde nur von einer Gruppe genannt: 2 Punkte
- ▶ Begriff wurde von mindestens zwei Gruppen genannt: 1 Punkt

Variante 2:
Von jeder Gruppe kommt ein Schüler nach vorn. Abwechselnd müssen diese in der vorgegebenen Zeit möglichst viele Begriffe zum Thema nennen. Am Ende der Runde wird die erreichte Punktzahl für jede Gruppe notiert.

- ▶ Was verbindest du mit dem Begriff „Liebe"?
- ▶ Was kann ein Besucher einer Synagoge alles bestaunen?

4.10 Begriffe-Shuffle

10 Min. | Kl. 5–10

Tafel, Shuffle-Wörter

Bereiten Sie Wörter zu einem bestimmten Thema vor, indem Sie die Buchstaben der Wörter durcheinander anordnen, z. B. alphabetisch. Für jedes Shuffle-Wort sollte eine passende Kategorie bestimmt werden.

Schreiben Sie an die Tafel die gesuchten Shuffle-Wörter mit den entsprechenden Kategorien. Die Schüler haben die Aufgabe, die Wörter so schnell wie möglich zu lösen. Wer zuerst fertig ist, ruft „Stopp". Anschließend wird überprüft. Für jede richtige Lösung gibt es fünf Punkte. Lösungen, die nur von einem Schüler gefunden wurden, bringen zehn Punkte. Bonuspunkte gibt es, wenn man die Begriffe zusätzlich erklären kann.

Thema: Judentum

Kategorie	**Shuffle-Wort**	**Lösung**
Person	ABBIR	Rabbi
Synagoge	AEMNOR	Menora
Sabbat	CEEEGHILNRST	Lichtersegen
Fest	AAHPSS	Passah
Gebet	ACHMS AEILRS	Sch'ma Israel

4.11 Ja oder Nein?

10 Min. | Kl. 5–7

2 Stühle, Ja- und Nein-Zettel, Klebeband, Sammlung von Behauptungen, Nummernkarten (1–5, optional)

Bereiten Sie Behauptungen vor, denen die Schüler mit „Ja" zustimmen oder mit „Nein" widersprechen können. Außerdem benötigen Sie jeweils ein DIN-A4-Blatt mit der Aufschrift „Ja" bzw. „Nein". Diese werden mit Klebeband an zwei Stühlen befestigt.

Teilen Sie die Klasse in Gruppen mit jeweils fünf Schülern ein. Jeder Schüler einer Gruppe bekommt eine Nummer zwischen 1 und 5 zugeteilt. Lassen Sie die Schüler dazu entweder abzählen oder Nummernkarten ziehen.
Die beiden Stühle mit den Schildern „Ja" bzw. „Nein" werden möglichst weit entfernt voneinander im Klassenzimmer aufgestellt. Nennen Sie eine Nummer zwischen 1 und 5 und stellen Sie eine Behauptung auf. Alle Schüler mit der genannten Nummer, müssen sich entscheiden, ob sie der Behauptung zustimmen oder widersprechen, indem sie sich so schnell wie möglich auf den entsprechenden Stuhl setzen. Handelt es sich um den Nein-Stuhl, muss die Behauptung entsprechend berichtigt werden. Das Gruppenmitglied, das als Erstes auf dem Stuhl sitzt und richtig geantwortet hat, bekommt einen Punkt. Für die Korrektur der Antwort gibt es außerdem einen Zusatzpunkt.

Thema: Die ersten Christen

- Die erste christliche Gemeinde entstand in Jerusalem. → Ja.
- Zu Pfingsten wird die Auferstehung Jesu gefeiert. → Nein. Geburtstag der Kirche, Heiliger Geist
- Nach der Pfingstpredigt von Johannes ließen sich viele Menschen taufen. → Nein. Pfingstpredigt von Petrus

4.12 Würfelspiele

10 Min. | Kl. 5–10

Würfelvorlage aus Pappe, Stifte, evtl. Leim und Bilder zum Gestalten (je nach Einsatz)

Entweder bereiten Sie für jede Gruppe einen Würfel vor oder die Gruppen gestalten ihre Würfel selbst.

Die Schüler spielen zu zweit oder in Gruppen. Sie würfeln und äußern sich entsprechend des Würfelergebnisses.

Erzählwürfel: Auf den Würfelseiten befinden sich sechs Zeichnungen zu einem Bibeltext. Ein Schüler würfelt und erzählt den Ausschnitt der Geschichte, der dargestellt ist, nach. Dann ist der nächste an der Reihe.

Wiederholungswürfel: Auf den Würfelseiten sind z. B. Symbole des Kirchenjahres aufgeklebt. Die Schüler erklären sich in Partnerarbeit die gewürfelten Symbole. Schwieriger wird es, wenn ein zweiter Würfel zum Einsatz kommt. Auf dem ersten Würfel stehen dann z. B. jüdische Feste, auf dem zweiten Würfel, was darüber erzählt werden soll (Symbol, religiöse Grundlage, Brauch, Termin, Dauer, Besonderheit).

4.13 Rettet die Bibeln!

15 Min. | Kl. 5–10

zehn Bibeln, DIN-A4-Plakate beschriftet mit A, B, C und D
für jede Gruppe: acht Quizfragen mit vier, drei oder zwei Antwortmöglichkeiten

keine

Teilen Sie die Klasse in Gruppen ein. Jede erhält zehn Bibeln. In jeder Fragerunde bekommen die Gruppen abwechselnd jeweils eine Frage mit Antwortmöglichkeiten gestellt. Je nachdem, wie sicher sich die Gruppe ist, kann diese ihre Bibeln auf die vorgegebenen Antworten verteilen. Kann sie sich z. B. nicht zwischen den Antworten A und B entscheiden, können je fünf Bibeln auf die Antworten gesetzt werden. Dazu stellt die Gruppe ihre Bibeln entsprechend auf die Plakate A, B, C oder D. Eine Antwortmöglichkeit muss mindestens frei bleiben. Die Anzahl der Bibeln, die auf die richtige Antwort gesetzt wurde, darf die Gruppe behalten. Die anderen sind verloren. Anschließend ist die nächste Gruppe an der Reihe. Insgesamt gibt es acht Fragen mit unterschiedlichen Antwortvorgaben pro Runde, wobei die Fragen mit jeder Runde schwieriger werden:

1. bis 4. Runde: vier Antwortmöglichkeiten, auf drei kann gesetzt werden
5. bis 7. Runde: drei Antwortmöglichkeiten, auf zwei kann gesetzt werden
8. Runde: zwei Antwortmöglichkeiten, nur auf eine darf gesetzt werden

Gewinner ist die Gruppe, die nach acht Fragerunden noch am meisten Bibeln besitzt.

Mögliche Quizfragen zum Thema Gleichnisse:

1. Runde — Worum handelt es sich bei Gleichnissen aus der Bibel?
a) Ergebnisse b) Gleichungen c) Ereignisse **d) Geschichten**

2. Runde — Wer erzählte Gleichnisse?
a) Mose **b) Jesus** c) Paulus d) Matthäus

3. Runde — Was ist das besondere an den Gleichnissen? Sie sind …
a) verschlüsselt c) allgemeine Vergleiche c) alltägliche Versuche d) für jeden verständlich

4. Runde — Mithilfe der Gleichnisse möchte Jesus erklären, wie …
a) reich Gott ist b) Gott aussieht c) der Alltag ist **d) Gott und sein Reich sind**

5. Runde — Wie kehrte der verlorene Sohn zu seinem Vater zurück?
a) reumütig b) freudig (wollte feiern) c) als reicher Erbe

6. Runde — In welchem Gleichnis spielt Geld keine Rolle?
a) Verlorener Sohn b) Barmherziger Samariter **c) Haus auf Fels**

7. Runde — In einem Gleichnis wird Gott mit einem … verglichen.
a) großen Baum **b) reichen Fürsten** c) steinigen Fels

8. Runde — Wie viele Verse hat das Gleichnis vom Senfkorn?
a) zwei b) vier

4.14 Fliegenklatscher

25 Min. | Kl. 5–7

möglichst zwei verschiedenfarbige Fliegenklatschen, Begriffskarten, Magnete

Schreiben Sie die zu erfragenden Begriffe auf Kärtchen (mindestens DIN A6) oder an die Innenseite der Tafel.

Befestigen Sie die Begriffskärtchen mit Magneten an der Tafel. Teilen Sie die Klasse in zwei Gruppen auf. In jeder Runde kommt ein Spieler pro Gruppe nach vorn und erhält eine Fliegenklatsche. Stellen Sie nun eine Frage. Die Aufgabe der Spieler ist es, so schnell wie möglich mit ihrer Fliegenklatsche auf die entsprechende Antwort an der Tafel zu klatschen. Derjenige, der zuerst die richtige Begriffskarte trifft, bekommt einen Punkt für sein Team.
Variante: Teilen Sie die Klasse in Gruppen von drei bis fünf Schülern auf. Ein großes Plakat mit durcheinander angeordneten Begriffen wird an die Tafel gehängt bzw. die Begriffe werden angeschrieben. Die Gruppe, die die richtige Antwort auf die gestellte Frage als erste gerufen hat, kreist darauf die Antwort in ihrer Gruppenfarbe ein.

Thema: Okkultismus

Begriffskarten: Gläserrücken, Pendel, Tarot, Horoskop, Pentagramm, Déjà-vu-Erlebnis, Amulett, Kristallkugel, Telepathie, Handlesen, Medium

Frage: Wie werden Personen genannt, die die Fähigkeit haben, mit Verstorbenen aus dem Jenseits zu reden?
→ Es muss auf die Begriffskarte „Medium“ geklatscht werden.

4.15 Outburst®

30 Min. | Kl. 5–10

Begriffskarten

Schreiben Sie die zu erfragenden Begriffe auf Kärtchen (mindestens DIN A6).

Teilen Sie die Klasse in zwei Gruppen ein. Die erste zieht eine Karte und nennt den Begriff. Die zweite Gruppe hat nun die Aufgabe, in den nächsten 30 bzw. 60 Sekunden die drei, vier oder fünf Stichworte zu erraten, die zu diesem Begriff gehören. Für jeden richtig erratenen Begriff erhält die Gruppe einen Punkt.

Thema: Amos

Visionen	Biografie Amos’	Missstände in Israel
Heuschreckenplage	760 v. Chr	Frömmigkeit nur gespielt
Feuersbrunst	Schaf- / Rinderzüchter	Reiche beuten Arme aus
Lot an schiefer Mauer	Heimat: Juda	Betrug beim Handel
Überreifer Obstkorb	Predigtort: Bethel	Zeugen / Richter bestochen

4.16 Völkerballquiz

25 Min. | Kl. 5–7

Tafel, ausreichend Quizfragen

Schreiben Sie die zu erfragenden Begriffe auf Kärtchen (mindestens DIN A6).
Zeichnen Sie ein Völkerball-Spielfeld an die Tafel:

- ein Kreis für jeden Schüler einer Gruppe je Spielfeld
- drei Kreise für den Freigeist hinter dem Spielfeld

Teilen sie die Klasse in zwei Gruppen ein. Jede bestimmt zunächst seinen Freigeist. Pro Runde kommt jeweils ein Schüler aus jeder Gruppe nach vorn. Stellen Sie den beiden Schülern eine Quizfrage. Derjenige, der als Erster die richtige Antwort nennen kann, hat seinen Gegner wie beim Völkerball „abgeworfen". Dieser muss zurück und sein Kreis wird im Spielfeld durchgestrichen bzw. weggewischt. Die betroffene Gruppe schickt den nächsten Schüler nach vorn. Der Spieler, der die richtige Antwort gegeben hat, bleibt solange vorn, bis er „abgeworfen" wird.

Wurden alle Spieler aus einem Feld „abgeworfen", kommt der Freigeist der jeweiligen Gruppe ins Spiel. Dieser hat drei Leben und bekommt für jede falsche Antwort eines gestrichen, kann jedoch weiterspielen, bis alle Leben verbraucht sind. Das Spiel endet entweder, wenn alle Kreise einer Gruppe verloren sind, oder nach einer festgelegten Zeit.

Variante: Statt Kreisen können Sie auch Magnete verwenden.

Spielfeld

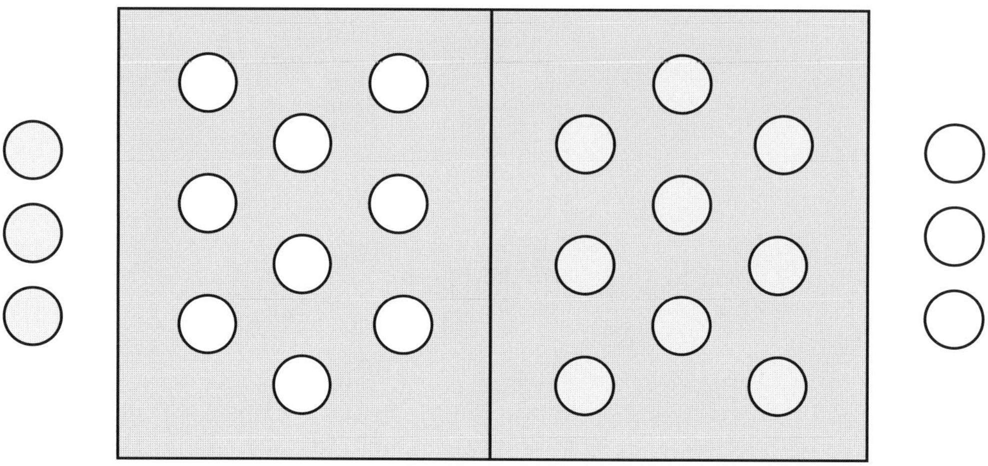

5.1 Obstkorb

10 Min. Kl. 5–7

keins

keine

Alle Schüler sitzen im Stuhlkreis. Ein Schüler hat keinen Stuhl und steht in der Mitte des Kreises. Der Schüler in der Mitte nennt eine Frage oder Aussage zu einem vorgegebenen Thema. Die Schüler, auf die diese Frage oder Aussage zutrifft, müssen so schnell wie möglich ihre Plätze tauschen. Der Schüler in der Mitte versucht dabei, einen freien Platz zu ergattern, um sich zu setzen. Hat er sein Ziel erreicht, bleibt ein anderer Schüler übrig, der sich wiederum in die Kreismitte stellt und sich eine Aussage bzw. Frage überlegt. Falls dem Schüler in der Mitte nichts einfällt oder dieser sich nicht äußern möchte, kann er auch ein vorher abgesprochenes Wort, z. B. „Obstkorb" rufen, bei dem alle Schüler ihren Platz wechseln müssen. Je nach Intention kann nach den einzelnen Spielrunden nachgefragt werden, warum sich die Schüler so entschieden haben.

Thema: Freundschaft

„Alle, für die wichtig ist, dass ihr bester Freund … sein muss, wechseln den Platz."
… lustig, sportlich, beliebt, aufmerksam, pünktlich, bescheiden, offen, selbstständig, ehrlich …
„Alle, die nicht wollen, dass ihr bester Freund … ist, wechseln den Platz."
… nachtragend, stur, streitsüchtig, böse, ängstlich, egoistisch, feige, unfreundlich, stur
Stichwort, bei dem alle den Platz wechseln müssen: „Freunde"

5.2 Atomspiel

10 Min. Kl. 5–10

Musik, Fragen

Bereiten Sie Wissensfragen oder Impulssätze vor.

Spielen Sie die Musik ab. Während diese zu hören ist, bewegen sich die Schüler frei im Raum. Sobald die Musik stoppt, wenden sich die Schüler der Person zu, die ihnen am nächsten steht. Weisen Sie nun den Schülern die Sprech- bzw. Zuhörerrolle und das entsprechende Gesprächsthema zu. Die Schüler tauschen sich eine Zeit lang aus – der eine erzählt, der andere hört zu. Sobald die Musik wieder ertönt, beginnt das Spiel von Neuem.

Tipp: Bei der Musikwahl sollten Sie darauf achten, dass diese nicht dem Thema widerspricht. Sie sollte neutral oder passend zum Thema sein, um den Austausch zu unterstützen.

Todesstrafe – Ja oder nein?

Nachdem die Musik stoppt, geben Sie z. B. folgenden Hinweis: „Derjenige von euch, der längere Haare hat, erläutert, was er über die Todesstrafe denkt. Der andere hört zu."

5.3 Blätterlawine

10 Min. | Kl. 5–10

leere Blätter, Stifte, Glocke als Signal

Wenn Sie eine bestimmte Richtung für den Erfahrungsaustausch beabsichtigen, sollten Sie zuvor für jeden Schüler einen Impulssatz bzw. eine Impulsfrage formulieren.

Jeder Schüler benötigt ein leeres Blatt. Legen Sie gemeinsam mit der Klasse fest, in welcher Reihenfolge die Blätter weitergeben werden (z. B. zum rechten Nachbarn).

Jeder Schüler notiert auf seinem Blatt eine Idee, Einsicht oder Frage zu einem vorgegebenen Thema. Optional können Sie auch Impulssätze formulieren, zu denen sich die Schüler äußern sollen. Sobald das abgesprochene Signal ertönt, wird das Blatt so schnell wie möglich weitergeben. Dabei ist es egal, ob angefangene Sätze beendet wurden oder nicht. Der nächste Schüler hat nun die Aufgabe, sich so schnell wie möglich in die Frage oder Idee hineinzudenken und diese schriftlich zu erweitern, zu kommentieren oder zu beantworten. Sobald das Signal erneut ertönt, wird das Blatt weitergereicht, bis jeder Schüler sein Ausgangsblatt wieder vor sich liegen hat. Dieser hat nun Zeit, sich alles durchzulesen und zu überdenken. Ein Austausch im Plenum ist ebenfalls möglich.

Tipp: Achten Sie darauf, dass Sie nach und nach etwas mehr Zeit geben, da das zuvor Geschriebene erst gelesen werden muss.

Mögliche Impulssätze zum Thema Theodizee – „Warum lässt Gott das zu?“:

- Das Leid der Welt ist eine Prüfung Gottes.
- Mit dem Leid möchte Gott die Welt bestrafen …
- Gott lässt das Leid in der Welt zu, weil jeder Mensch selbst …
- Das Leid der Welt hat nichts mit Gott zu tun, denn …
- Wenn Menschen leiden müssen, leidet auch Gott.
- Gott hat uns Menschen einen freien Willen gegeben, deshalb ist das Leid …

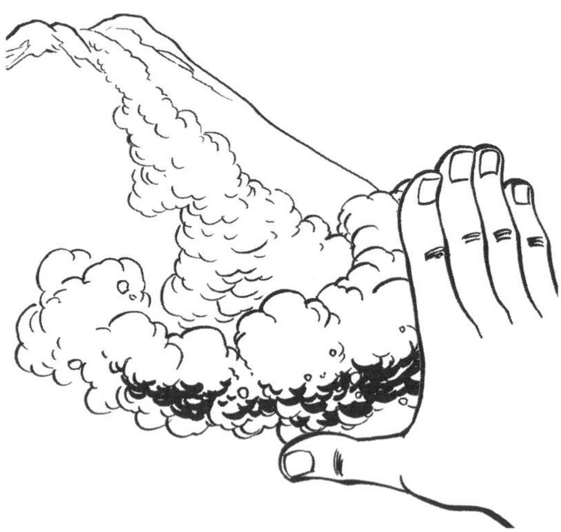

5.4 Meinungsdetektive

10 Min. | Kl. 5–10

Detektivaufträge

Bereiten Sie für die Schüler Detektivaufträge vor, durch die sie etwas über die anderen Schüler herausfinden sollen (z. B. Erfahrungen, Meinungen, Verhaltensweisen oder bestimmte Eigenschaften). Die Schüler können auch unterschiedliche Aufträge erhalten.

Jeder Schüler erhält Detektivaufträge. Er soll Personen finden, die den Kriterien auf dem Auftragsbogen entsprechen. Dazu gehen die Schüler im Raum herum und befragen sich gegenseitig. Haben sie einen Spieler gefunden, auf den das Kriterium zutrifft, unterschreibt dieser bei dem entsprechenden Auftrag und begründet seine Position. In der Auswertung können anschließend neue Erkenntnisse thematisiert werden.

Thema: Wunder

Finde heraus, wer glaubt, dass ...
... Wunder eine natürliche Ursache haben. ____________
... Jesus Wunder getan hat. ____________
... Jesu Wunder nur Tricks waren. ____________
... Wundererzählungen nur symbolisch sind. ____________
... Wunder nicht mit dem Verstand erklärbar sind. ____________
... die Wunder der Bibel damals nicht erklärbar waren. ____________

5.5 Empathie-Spiel

20 Min. | Kl. 7–10

Notizzettel, Briefumschlag oder Dose
für jeden Schüler: rote und grüne Karte

keine

Jeder Schüler notiert seine Meinung zu einem vorgegebenen Thema auf jeweils einem Notizzettel. Die Meinungskarten werden eingesammelt und in einem Briefumschlag oder einer Dose aufbewahrt. Außerdem erhält jeder Schüler eine grüne „Ja"-Karte und eine rote „Nein"-Karte. Im Sitzkreis zieht der erste Schüler eine der Meinungskarten und liest diese laut vor. Anschließend stellt er eine Vermutung auf, von welchem Schüler die Meinung stammen könnte. Die anderen Schüler entscheiden mit ihren „Ja"- und „Nein"-Karten, ob sie dieser Vermutung zustimmen oder nicht. Die vermutete Person outet sich und erklärt, warum sie die Aussage bejaht bzw. verneint. Wer richtig geraten hat, erhält den Notizzettel. Anschließend ist der Schüler an der Reihe, dem die letzte Aussage zugedacht wurde. Zum Abschluss kann anhand der Meinungskarten abgestimmt werden, welche Aussagen in den nächsten Stunden thematisiert werden sollen.

Mögliche Themen: Sterben und Tod, Leben nach dem Tod, Beten, übersinnliche Kräfte

5.6 Flaschendrehen

20 Min. | Kl. 7–10

Frage- oder Impulskarten, leere Flasche, Dose

Bereiten Sie Karten mit entsprechenden Aufgaben oder Impulsen vor. Diese werden laminiert, ausgeschnitten und in einer Dose aufbewahrt.

Die Klasse bildet einen Sitzkreis. In der Mitte befindet sich die Dose mit Fragen und Impulsen zum Unterrichtsthema. Wird das Spiel während der Ergebnissicherung eingesetzt, haben die Schüler ihren Hefter zur Hand. Drehen Sie die leere Flasche auf dem Boden. Der Schüler, auf den der Hals der Flasche zeigt, muss eine Karte aus der Dose ziehen und laut vorlesen. Anschließend beantwortet er die Frage oder äußert sich zum Impuls. Die anderen können eventuell nachfragen oder ihre Meinung ergänzen. Die Karte wird weggelegt und der befragte Schüler dreht die Flasche, um den nächsten Schüler auszuwählen.

Thema: Auf dem Weg in die Sucht

Wenn ich glücklich bin, ... / Wenn ich ausgelassen bin, ... / Wenn ich schlechte Laune habe, ... / Wenn ich wütend bin, ... / Wenn ich auf einer Party bin, ... / Wenn ich erschöpft bin, ... / Wenn ich ausgepowert bin, ... / Wenn ich traurig bin, ... / Wenn ich gestresst bin, ... / Wenn ich mich unverstanden fühle, ... / Wenn ich mich als Außenseiter fühle, ... / Wenn ich Aufregendes erleben möchte, ... / Wenn ich mich alleine fühle, ... / Wenn ich eifersüchtig bin, ...

5.7 Steh zu deiner Meinung!

20 Min. | Kl. 7–10

für jeden Schüler: Stift, Zettel (beides optional)

keine

Die Schüler stehen im Kreis. Einer geht in die Kreismitte und äußert seine Meinung zu einem vorgegebenen Thema. Die anderen positionieren sich zu dieser Meinung, indem sie einige Schritte auf den Schüler zugehen, wenn sie ihm zustimmen oder einige Schritte zurückweichen, wenn sie die Meinung ablehnen. Durch die Schrittanzahl drücken sie den Grad ihrer Zustimmung/Ablehnung aus. Hat jeder seine Position gefunden, ist es möglich, dass einzelne Schüler ihren „Standpunkt" begründen. Es folgt die nächste Runde: Ein anderer Schüler geht in die Mitte. Für jüngere Schüler ist es von Vorteil, sich ihre Meinung vorab zu überlegen und aufzuschreiben.

Variante 1: Die Schüler dürfen eigene Impulse in der Mitte äußern oder Meinungen auf Plakaten in die Mitte legen.
Variante 2: Es ist auch möglich, Einstellungen zu Themen zu erfassen. Legen Sie z. B. eine Bibel oder den Text des Glaubensbekenntnisses in die Mitte des Kreises. Die Schüler sollen durch ihren Standpunkt zeigen, welche Beziehung sie zum Unterrichtsgegenstand haben.

DIN-A4-Blätter beschriftet mit einem Wert bzw. Merkmal, Kreide, Holzhammer

für jede Gruppe: Übersichtsblatt mit den zu ersteigernden Werten oder Merkmalen
für jeden Schüler: drei Wertungschips (z. B. Chips, Papierstücke, Büroklammern)
Entwerfen Sie die Übersichtsblätter mit den zu ersteigernden Werten bzw. Merkmalen und kopieren Sie diese für jede Gruppe. Beschriften Sie jeweils ein DIN-A4-Blatt für jeden Wert bzw. jedes Merkmal.

Teilen Sie die Klasse in Gruppen ein. Jede erhält ein Übersichtsblatt mit den zu ersteigernden Werten und pro Gruppenmitglied drei Wertungschips. Die Gruppenmitglieder sollen sich auf eine festgelegte Anzahl von Werten einigen, die für sie wichtig sind und die sie unbedingt ersteigern wollen. Sie entscheiden, wie viele ihrer Wertungschips sie für welchen Wert ausgeben möchten. Die zu ersteigernden Werte werden an die Tafel gehängt. Anschließend wird der erste Wert aufgerufen und versteigert. Die Gebote werden durch Handzeichen jeweils um einen Chip erhöht. Nach dem höchsten Gebot wird sofort mit den Wertungschips bezahlt. Dafür erhält die Gruppe das Blatt mit dem ersteigerten Wert von der Tafel. Notieren Sie an der Seitentafel, für wie viele Wertungschips die einzelnen Werte ersteigert wurden. Wird ein Wert beim ersten Mal nicht ersteigert, kann er in einer zweiten Runde noch einmal angeboten werden. Wird auch hier kein Gebot abgegeben, bleibt der Wert beim Auktionator. Anschließend wird die Auktion im Sitzkreis ausgewertet.

Mögliche weiterführende Impulse:

- Warum habt ihr gerade diesen Wert in dieser Höhe ersteigert?
- Warum wurde dieser Wert nicht ersteigert?
- Was bedeutet euch der Wert „…"?
- Welche Probleme gab es bei eurer Abstimmung in der Gruppe?
- Wie habt ihr euch während der Auktion gefühlt?
- Gab es Unterschiede zwischen eurer persönlichen und der Gruppenmeinung?
- Wer von euch hat sich in der Gruppe durchgesetzt?
- Warum habt ihr euch nicht durchgesetzt?
- Welche Werte bleiben für euch unwichtig?
- Welche Erkenntnis zieht ihr aus der Auktion?
- Warum fiel euch die Wahl schwer bzw. leicht?

Auktion: Was macht einen guten Christen aus?

Überlegt euch, welche Merkmale eurer Meinung nach einen guten Christen ausmachen und welche ihr bei der Auktion einzeln oder als Gruppe ersteigern möchtet. Einigt euch auf mindestens drei Merkmale, die dafür in Frage kommen. Jeder von euch hat drei Chips, mit denen er bieten kann. Ihr könnt eure Chips auch als Gruppe zusammenlegen.

Zu ersteigernde Merkmale:
Kirchgang, Spenden, gute Noten in Religion, Hilfsbereitschaft, gute Bibelkenntnisse, Gutes tun, viel beten, anderen immer verzeihen, Gebote einhalten, sozialer Beruf, um andere kümmern, nicht streiten, Umweltschutz, Treue in der Partnerschaft, täglich Bibel lesen

Notizzettel in fünf verschiedenen Farben, Farbwürfel, Themenfolie (optional)

Bereiten Sie fünf Unterthemen innerhalb des zu behandelnden Themengebietes vor. Dazu können Sie entweder eine Themenfolie anfertigen oder Sie notieren die Unterthemen an der Tafel. Bekleben Sie einen Würfel mit den Farben der Notizzettel oder fertigen Sie einen Pappwürfel mit den entsprechenden Farben an. Eine Würfelseite wird mit einem Stern (Joker) versehen.

Jeder Schüler erhält mindestens zwei Notizzettel von jeder Farbe. Die Schüler haben die Aufgabe, auf jedem Zettel eine Frage zu notieren, die sie zu den vorgegebenen Unterthemen interessiert. Geben Sie den Hinweis, dass nur Fragen aufgeschrieben werden sollen, die die Schüler auch selbst beantworten würden. Nach zehn Minuten sammeln Sie die beschriebenen Zettel ein. Mischen Sie diese innerhalb derselben Farbe und legen Sie die Zettel in fünf Stapeln auf das Lehrerpult. Das Spiel beginnt, indem der erste Schüler würfelt. Von der Farbe, die gewürfelt wird, hängt ab, von welchem Stapel er einen Zettel ziehen muss. Wird der Stern gewürfelt, darf sich der Schüler eine Kategorie aussuchen. Er liest die Frage laut vor und beantwortet sie. Dabei ist es verboten, nur mit „Ja" oder „Nein" zu antworten, es sei denn, der Schüler begründet dies. Es muss jede Frage beantwortet werden. Anschließend beginnt eine neue Runde. Die Schüler behalten die von ihnen gezogenen Fragezettel.

Thema: Freundschaft, Liebe, Partnerschaft

Farbe	Kategorie
rot	Große Liebe
gelb	Flirten
blau	Sexualität
grün	Trennungen
orange	Single

Bilder (mindestens DIN A3 und in ein Viertel der Klassenstärke), Glocke, Protokoll

Wählen Sie Bilder zu einem Thema aus und vergrößern Sie diese mindestens auf DIN-A3-Format. Die Bilder sollten keine Bildunterschrift haben. Für die Auswertung der Bilder ist es jedoch sinnvoll, diese zu nummerieren (z. B. Bild 1). Für einen häufigeren Einsatz empfiehlt es sich, die Bilder zu laminieren.

Verteilen Sie die Bilder im Klassenraum an verschiedenen Orten. Teilen Sie die Klasse in Gruppen in der Anzahl der Bilder ein. Einer der Schüler wird zum Schreiber bestimmt, er muss die Ergebnisse der Gruppe festhalten. Außerdem wird der Gruppensprecher festgelegt.
Teilen Sie den Schülern den Beobachtungsauftrag für alle Bilder mit. Anschließend bekommt jede Gruppe ein „Startbild" zugeordnet.
Nun haben die Schüler vier Minuten Zeit, das Bild genau zu betrachten und so viele Details wie möglich (entsprechend der Aufgabenstellung) auf ihrem Protokoll mit der entsprechenden Bildnummer zu notieren. Sobald das vorher verabredete Signal ertönt, wechseln die Gruppen im Uhrzeigersinn zum nächsten Bild.
Zur Auswertung versammelt sich die gesamte Klasse vor Bild 1. Die Gruppensprecher lesen abwechselnd jeweils ein Ergebnis vor. Für jedes Ergebnis, das noch nicht genannt wurde, erhält die Gruppe einen Punkt. Ist Bild 1 besprochen, wird zum nächsten Bild übergegangen.

Thema: Hinduistische Götter

Bilder von Brahma, Vishnu, Shiva, Ganesh, Krishna, Kali, Sarasvati
(Die Schüler werden also in sieben Gruppen aufgeteilt.)

Aufgabenstellung:
1. Notiert euch die Attribute der Götterbilder.
2. Überlegt, wofür die Gottheit aufgrund der Attribute zuständig sein könnte.

Brahma: vier bärtige Gesichter, vier Arme, Bücher, Muschel, Gebetsperlen, Lotusblüte, vierteilige Krone
Vishnu: vier Arme, Diskus, Keule, Muschel, Lotusblüte, Zepter, Edelstein, Krone
Shiva: vier Arme, Dreizack, drei Augen, Tigerfell, Schlangen, Gebetsperlen, Krone, Halbmond
Ganesh: vier Arme, Elefantenkopf, ein Stoßzahn, dicker Bauch
Kali: vier Arme, schwarze Haut, heraushängende Zunge, Kette mit acht Totenschädeln, abgeschlagener Kopf in der Hand
Krishna: Goldflöte, schöne Kleider, Kette, Hut
Sarasvati: vier Arme, Zither, Buch, Gebetsperlen, Lotusblume, Kopfschmuck

6.2 Ich sehe was, was du nicht siehst

10 Min. | Kl. 5–7

Farbbild mit vielen Details (im Buch, als Folie oder über eine interaktive Tafel)

keine

Jeder Schüler muss das Bild sehen können. Der erste Schüler beginnt und sucht sich ein bestimmtes Detail auf dem Bild aus. Die anderen Schüler müssen erraten, was er sich ausgesucht hat. Der Schüler beginnt mit der Raterunde, indem er die Farbe oder Form des Details nennt: „Ich sehe was, was ihr nicht seht und das ist … (grün, gelb, rot, eckig, oval usw.). Auf die Vorschläge seiner Mitschüler antwortet der Schüler nur mit ja oder nein. Wenn das Detail nicht gefunden wird, können weitere Tipps gegeben werden. Wer richtig geraten hat, darf sich ein neues Bilddetail aussuchen und die Runde beginnt von vorn.

Sieger Köder: „Schöpfung"

Der Schüler sucht sich aus dem Bild den Mond aus.
Schüler: „Ich sehe was, was ihr nicht seht, und das ist rund."
Ratender Nr. 1: „Die Sterne?"
Schüler: „Nein."
Ratender Nr. 2: „Die Erdkugel?"
Schüler: „Nein."
Ratender Nr. 3: „Der Mond?"
Schüler: „Ja." (Nun ist der Ratende Nr. 3 an der Reihe, sich ein Bilddetail auszusuchen.)

6.3 Detailsuche

15 Min. | Kl. 5–10

für jede Gruppe: Fotosatz mit Detailaufnahmen der besuchten Umgebung

Fotografieren Sie kleine Details, die die Schüler in ihrer Umgebung suchen sollen. Die Motive sollten so fotografiert sein, dass sie nicht sofort zu erkennen sind.

Jede Gruppe erhält einen Fotosatz mit Detailaufnahmen aus der Umgebung. Die Gruppe hat die Aufgabe, die Orte bzw. Gegenstände, die auf den Fotos zu sehen sind, zu finden. Für jedes erkannte Motiv erhält die Gruppe einen Punkt.

Mögliche Detailaufnahmen bei einer Kirchenbesichtigung:

Orgelpfeife, Ausschnitt aus einem Kirchenfenster, Kerzenständer auf dem Altar, Teil einer Heiligenfigur usw.

6.4 Dalli-Klick®

10 Min. | Kl. 5–10

Bild, weißer DIN-A4-Tonkarton, Overheadprojektor oder Beamer, interaktive Tafel

Kopieren Sie das ausgewählte Bild auf Folie. Anschließend zerschneiden Sie den Tonkarton in ca. anderthalb Zentimeter große Streifen, wobei Sie etwa zwei Zentimeter als Rand lassen.

Legen Sie die Folie mit der Aufdeckschablone auf den Overheadprojektor. Aufgabe der Schüler ist es, zu erraten, was auf dem Bild dargestellt ist. Decken Sie dazu einen beliebigen Streifen auf, indem sie diesen an der festen Kante nach oben klappen. Nach einer kurzen Pause klappen Sie den nächsten Bildabschnitt auf usw.

Tipp: Detailreiche Bilder eignen sich hierfür besonders. Im Internet finden sich verschiedene Programme zum kostenlosen Download, mit denen man dieses Spiel ganz leicht für den PC, Beamer bzw. eine interaktive Tafel aufbereiten kann.

6.5 Bilddiktat

15 Min. | Kl. 5–10

Zeichenvorlagen, Bleistifte, Zeichenpapier

Bereiten Sie als Zeichenvorlage einfache Skizzen zum Thema vor. Diese sollten wenige Details aufweisen, sodass sie leicht beschrieben werden können. Am besten eigenen sich hierfür Symbole.

Die Schüler sitzen als Partner Rücken an Rücken. Einer von ihnen benötigt einen Bleistift und Zeichenpapier. Der andere erhält von Ihnen eine Zeichenvorlage, die der Partner nicht sehen darf. Aufgabe ist es, die Zeichenvorlage möglichst genau zu beschreiben, sodass der erste Partner das Bild nur durch die Sprachanweisungen nachzeichnen kann. Dabei ist es verboten, das dargestellte Bild konkret zu benennen, z. B. „Haus". Anschließend werden die Rollen getauscht. Werden für dieses Spiel thematische Symbole eingesetzt, eignet es sich sehr gut als Hinführung.

Variante: Ein Schüler diktiert das Bild der ganzen Klasse.

Thema: Symbole der Weltreligionen
(jedes Symbol auf einer eigenen Zeichenvorlage)

Beispielbeschreibung Kreuz: Du beginnst im oberen Drittel deines Blattes, etwa drei Zentimeter links von der Mitte. Du zeichnest waagrecht eine etwa sechs Zentimeter lange Linie. Am Ende der Linie gehst du im rechten Winkel nach unten und zeichnest eine acht Zentimeter lange Linie …

7.1 Vertrauen haben

10 Min. | Kl. 5–10

keines

keine

Die Schüler stehen Schulter an Schulter in einem Kreis und halten ihre Hände mit den Handflächen nach vorn in die Mitte. Dort steht ein Schüler, dessen Aufgabe es ist, seinen ganzen Körper steif zu halten und sich in den Kreis fallen zu lassen. Die Schüler des Außenkreises fangen ihn sanft auf und reichen ihn vorsichtig weiter.

Mögliche Themen:

- ▶ Gott beruft Abraham (Gen 12)
- ▶ Freundschaft, Vertrauen, Konfliktsituationen, Selbstvertrauen stärken, Glauben, Urvertrauen, Ängste überwinden (Ps 23)

7.2 Außenseiter sein

10 Min. | Kl. 5–10

Kreide oder Seil

Überlegen Sie sich Auswahlkriterien, bei denen es innerhalb der Klasse immer eine Minderheit und eine Mehrheit gibt.
- ▶ Alle Rechtshänder nach rechts, alle Linkshänder nach links!
- ▶ Alle Brillenträger nach rechts, alle ohne Brille nach links!

Der Klassenraum wird durch einen Kreidestrich oder ein Seil in zwei Bereiche geteilt. Alle Schüler stellen sich nebeneinander auf einer Seite der Linie auf. Durch Ihre Anweisungen wird die Klasse in zwei Gruppen geteilt. Dabei sollten immer Minderheiten entstehen. Es ist wichtig, dass der Wechsel der Anweisungen nicht zu schnell erfolgt, damit die Schüler die Situation wahrnehmen und reflektieren können.
Achten Sie darauf, dass die Entscheidung bei den Auswahlkriterien eindeutig ist.
Nach den Anweisungen stehen sich die Schüler gegenüber. Je nach Verteilung ist nun ein Gesprächsaustausch möglich:
- ▶ Wie fühlt es sich an, ganz allein oder nur zu zweit auf einer Seite zu stehen?
- ▶ Wie fühlt es sich an, zur Mehrheit zu gehören?

Thema: Jesus heilt einen Aussätzigen (Mk 2,23–3,6)

Das Spiel wird wie beschrieben durchgeführt. Sobald nur ein einziger Schüler auf einer Seite steht, sagen Sie zu ihm: „Du interessierst uns nicht mehr. Wir anderen gehen und bilden einen Sitzkreis. Du bleibst hier."
Im Sitzkreis informieren Sie über die Situation von Aussätzigen zur Zeit Jesu. Anschließend bitten Sie den Schüler, der zunächst ausgeschlossen war, in den Stuhlkreis. Er soll über seine Gefühle als Außenseiter berichten. Auch die anderen äußern, wie sie es empfunden haben, Teil der Mehrheit zu sein.

7.3 Rückenbotschaft

15 Min. | Kl. 5–10

Klebeband, Stifte
für jeden Schüler: DIN-A5-Blatt

keine

Jeder Schüler bekommt mit Klebeband ein DIN-A5-Blatt auf dem Rücken befestigt. Auf dem Blatt ist ein Impuls formuliert, mit dem sich die Schüler auseinandersetzen sollen. Zunächst bewegen sie sich frei im Raum. Sie nehmen sich gegenseitig wahr und denken über den Impuls nach. Ertönt ein vorher verabredetes Signal, schreibt jeder Schüler seine Gedanken auf den Rücken des Mitschülers, der ihm am nächsten steht. Nach einer vorher festgelegten Zeit endet das Spiel und jeder hat Gelegenheit, sich die Antworten auf seinem Rücken durchzulesen.

Variante: Jeder Schüler notiert seine Meinung zu einem vorgegebenen Thema. Die Mitschüler ergänzen ihre Gedanken dazu.

Thema: Identität, Pubertät, Individualität – Stärken und Schwächen entdecken

Möglicher Impuls: „Das finde ich toll an dir!“

7.4 Lügendetektor

15 Min. | Kl. 5–10

Impulse

Passen Sie die Impulse an das entsprechende Unterrichtsthema bzw. die Altersstufe an.

In Einzelarbeit beantwortet jeder Schüler vier Impulse zu seiner Person und notiert diese mit entsprechender Begründung. Dabei beantwortet er drei Fragen wahrheitsgemäß und eine Frage bewusst falsch.

Anschließend stellt jeder Schüler seinem Partner bzw. seiner Gruppe seine Antworten vor. Diese sollen herausfinden, bei welcher Antwort es sich um eine Lüge handelt und begründen, warum sie dieser Meinung sind (Erklärung, Mimik, Gestik ...). Nach der Auflösung ist der nächste Schüler an der Reihe und stellt seine Antworten vor.

Mögliche Impulsfragen zum Thema Die Sturmstillung (Mk 4,35–41):

- Ich habe Angst vor ..., weil ...
- Wenn ich Angst habe, wende ich mich an ..., weil ...
- Bei Angst hilft mir ...
- Das Gleichnis von der Sturmstillung kann uns in der Angst helfen, weil ...

7.5 Fremdes Kartenspiel

30 Min. | Kl. 5–10

für jede Gruppe: ein Satz Skatkarten

Legen Sie Regelkarten für jede Gruppe fest.

Teilen Sie die Klasse in Gruppen mit mindestens drei Schülern ein. Jedem Schüler wird innerhalb seiner Gruppe eine Zahl (1, 2, 3 …) zugewiesen. Jede Gruppe erhält anschließend ein Kartenspiel und eine Regelkarte. Zunächst wird nicht verraten, dass jede Gruppe andere Regeln vorliegen hat.
Die Gruppen lesen ihre Regelkarten leise, anschließend werden diese wieder eingesammelt. Die Gruppen beginnen zu spielen. Während des Spiels darf nicht miteinander gesprochen werden. Nach Ende des Spiels bzw. nach einer vorher festgelegten Zeit wird das Spiel in der Gruppe beendet. Alle Schüler mit der Nummer 1 in der Gruppe wechseln nun den Platz und spielen in der zweiten Runde in einer anderen Gruppe, mit der Annahme, dass die gleichen Regeln wie zuvor gelten. Bereits jetzt wird es Schwierigkeiten beim Spielen geben, da wieder nicht miteinander gesprochen werden darf, aber unterschiedliche Regeln gelten. In der dritten Runde wechseln alle Schüler mit der Nummer 2 den Platz usw.
Am Ende des Spiels wird ausgewertet, wie sich die Schüler in den einzelnen Situationen gefühlt und was sie gedacht haben. Wer hat sich wie verhalten? Wer hat sich angepasst oder durchgesetzt? Warum war das Spielen schwierig?
Wie ist es, fremd zu sein und die üblichen Regeln und Gebote nicht zu kennen? Wofür sind Regeln wichtig?

Mögliche Regeln:

Regel Gruppe 1: Mischt die Karten und teilt an jeden Schüler fünf Karten aus. Die restlichen Karten legt ihr mit dem Bild nach unten als Stapel auf den Tisch und deckt eine Karte als Spielkarte auf. Auf diese dürfen nur Karten mit der gleichen Farbe abgelegt werden. Hat jemand diese nicht auf der Hand, muss er eine Karte ziehen. Wer eine Bildkarte (Bube, Dame, König oder As) hat, kann mit dieser die angegebene Farbe wechseln. Gewonnen hat der, der am Ende die wenigsten Karten auf der Hand hat, sobald der Ziehstapel leer ist.

Regel Gruppe 2: Mischt die Karten und teilt an jeden Schüler sechs Karten aus. Die restlichen Karten legt ihr mit dem Bild nach unten als Stapel auf den Tisch und deckt eine Karte als Spielkarte auf. Auf diese dürfen nur Karten mit der gleichen Farbe abgelegt werden. Hat jemand diese nicht auf der Hand, muss er zwei Karten ziehen. Wer eine Zahlenkarte (7, 8, 9, 10) hat, kann mit dieser die angegebene Farbe wechseln. Gewonnen hat der, der am Ende nur noch eine Karte auf der Hand hat.

Regel Gruppe 3: Mischt die Karten und teilt an jeden Schüler sieben Karten aus. Die restlichen Karten legt ihr mit dem Bild nach unten als Stapel auf den Tisch und deckt zwei Karten als Spielkarten auf. Auf diese dürfen nur Karten mit der gleichen Zahl abgelegt werden. Hat jemand diese nicht auf der Hand, muss er eine Karte ziehen. Gewonnen hat der, der am Ende die wenigsten Karten auf der Hand hat.

7.6 Symbolspiel

abhängig vom Bibeltext

abhängig vom Bibeltext

Weisen Sie ihren Schülern eine Rolle als eine Person oder einen bestimmten Gegenstand aus einem biblischen Text zu. Die Schüler versetzen sich in ihre Rolle und überlegen, was das Besondere an ihnen ist. Anschließend führen Sie ein Interview mit den Schülern.

- „Wie heißt du?“
- „Wer bist du?“
- „Was sind deine Besonderheiten / Fähigkeiten?“

Je nach Intention des Bibeltextes findet anschließend das Symbolspiel statt, in dem sich die Schüler in die jeweilige Situation der Person / des Gegenstandes unter Anleitung hineinversetzen und diese darstellen.

Bibeltext: Der eine Leib und die vielen Glieder (1 Kor 12)

Verteilen Sie die Rollen: Mund, Hand, Fuß, Auge, Ohren, Nase, Magen …

Interview am Beispiel des Mundes:

- „Wie heißt du?“ – „Ich bin der Mund“
- „Was sind deine besonderen Fähigkeiten?“ – „Ich kann reden, singen und schreien. Ich kann lachen, aber auch beißen.“
- „Was kannst du noch?“ – „Ich kann die Zunge rausstrecken und küssen.“
- „Wer bist du?“ – „Ich bin der Wichtigste von allen!“

Alle Schüler stehen in ihren Rollen als Körperteile um einen Tisch. Legen Sie in die Mitte eine Tüte Gummibärchen. Fragen Sie die Schüler: „Sicher möchte jeder von euch gerne ein Gummibärchen haben. Wer von euch könnte sich in seiner Rolle davon bedienen?“ Die Schüler äußern sich spontan bzw. wollen sich bedienen. Stoppen Sie das Vorgehen und fragen Sie entsprechend nach, z. B. bei der Hand: „Liebe Hand, du kannst das Gummibärchen greifen, aber woher weißt du, wo es liegt (Auge?)? Woher weißt du überhaupt, dass du dir eines nehmen darfst (Ohr?)? Wie kommst du bis an den Tisch heran (Fuß?)? usw.
Die Schüler stellen fest, dass sie als einzelnes Körperteil nichts ausrichten können, sondern dass sie zusammenarbeiten müssen, um ihr Ziel zu erreichen. Jeder für sich ist sehr eingeschränkt und hilflos. Gemeinsam sind sie jedoch von besonderem Wert. Am Ende des Symbolspiels gibt es für alle etwas zu naschen.

7.7 Hast du schon gehört?

10 Min. | Kl. 5–10

Geschichte

keine

Nachdem drei Schüler das Klassenzimmer verlassen haben, erzählen Sie den Schülern eine kurze Geschichte. Der erste Schüler wird nun hereingerufen. Einer der Schüler, der die Geschichte von Ihnen gehört hat, hat nun die Aufgabe, diese nachzuerzählen. Anschließend wird ein weiterer Schüler von draußen hereingeholt und der erste Schüler erzählt diesem wiederum das, was er gehört hat usw.
Die Schüler werden feststellen, dass es während der Erzählungen immer mehr zu Abweichungen kommt.
Variante: Die Geschichte wird im Sitzkreis als „Stille Post" weitergeflüstert.

Mögliche Themen:

- Mündliche Überlieferung biblischer Geschichten (dann am besten biblische Geschichten zum Weitererzählen einsetzen)
- Gerüchte

7.8 Handicap

15 Min. | Kl. 5–10

Bibeltext

Bereiten Sie die Beschreibung für den pantomimischen Bewegungsablauf vor.

Die Schüler versetzen sich in ein Handicap, das in einer biblischen Wundergeschichte thematisiert wird, indem sie dieses pantomimisch nachahmen. Geben Sie unterstützende Anweisungen zum Bewegungsablauf und lassen Sie genügend Zeit, den Erfahrungen nachzuspüren. Anschließend findet die Reflexion des Erlebten statt.

Thema: Heilung einer gekrümmten Frau (Lk 13,11)

Teilen Sie die Klasse in Pharisäer und die gekrümmte Frau auf.
Der folgende Ablauf soll mindestens drei Minuten gespielt werden, dann wird gewechselt.
Anleitung: Die Frauen beugen sich nach vorne und bewegen sich in dieser Haltung durch das Klassenzimmer. Die Pharisäer gehen aufrecht. Es begrüßen sich zwei Frauen. Die Verkrümmten versuchen mit den Pharisäern Kontakt aufzunehmen. Die Pharisäer schauen auf die Frauen herab. Die Frauen richten sich nach etwa drei Minuten langsam wieder auf.
Auswertungsfragen: Wo hast du was gespürt? Was hast du bzw. hast du nicht gesehen? Wie konntest du Kontakt zu anderen aufnehmen? Wie fühlst du dich? Was wünschst du dir? Was hast du beim Aufrichten empfunden? Was hast du als Pharisäer empfunden?

religiöse Gegenstände im Original oder als Abbildung, für jeden Gegenstand einen Schuhkarton bzw. für jedes Bild einen Briefumschlag

Stecken Sie jeweils eine Abbildung eines religiösen Gegenstands in einen Briefumschlag bzw. einen religiösen Gegenstand in einen Karton. Gestalten Sie die Briefumschläge und Kartons mit Fragezeichen.

Im Sitzkreis liegen fünf verschlossene Kartons bzw. Briefumschläge, in denen sich religiöse Gegenstände bzw. deren Abbildung befinden.
Die Schüler wählen den ersten Karton / Briefumschlag aus und öffnen diesen. Ihre Aufgabe ist es nun, durch das Ansehen oder Befühlen des Gegenstandes herauszufinden, welche Funktion dieser in der jeweiligen Religion hat. Dazu wird der Gegenstand im Kreis herumgegeben. Derjenige, der den Gegenstand in der Hand hat, darf seine Vermutungen über die Verwendung äußern bzw. den Gegenstand zunächst einmal beschreiben. Ihre Aufgabe ist es, die Vorschläge zu kommentieren (richtig, falsch, es geht in diese Richtung …). Sie dürfen jedoch keine Hinweise geben. Wurde eine falsche Vermutung geäußert, wird der Gegenstand weitergereicht.
Sobald ein Schüler die Verwendung des Gegenstandes richtig errät, endet die Fragerunde. Nennen Sie nun den Namen des Gegenstandes und erläutern Sie den religiösen Hintergrund.
Sollten die Schüler keine Lösung finden oder wenn keine Vorschläge mehr gemacht werden, beenden Sie die Raterunde und lösen das Geheimnis auf.
Nachdem der erste Gegenstand besprochen wurde, wird der zweite Karton / Briefumschlag geöffnet …

Thema: Islam

Mögliche religiöse Gegenstände: Koran, Rahle, Gebetsteppich, Kalligrafie von Allah, Anleitung zum rituellen Waschen oder Gebet, Gummibärchenpackung „halal" (ohne Gelatine), Gebetskette Tasbih

8.2 Lebendiges Domino

10 Min. | Kl. 5–10

Beutel, jeweils zwei gleiche bzw. ähnliche Gegenstände zu einem Themengebiet

Bereiten Sie einen Beutel mit jeweils zwei gleichen bzw. ähnlichen Gegenständen zum Unterrichtsthema vor. Es müssen insgesamt so viele unterschiedliche Gegenstände wie Schüler vorhanden sein.

Jeder Schüler zieht zwei Gegenstände aus dem Beutel und nimmt einen davon in die linke und den anderen in die rechte Hand. Die Aufgabe der Schüler ist es nun, für jeden ihrer Gegenstände den „Gegenpart" bei ihren Mitschülern zu finden. Haben alle Schüler ihren Partner gefunden, sollte ein Kreis entstehen. Im Kreisgespräch kann sich nun über die Gegenstände ausgetauscht werden.

- ▶ Was kennt ihr?
- ▶ Was verbindet ihr damit?
- ▶ Wie könnte unser neues Thema lauten?

Thema: Aberglaube

Mögliche Gegenstände: Tarotkarten, schwarze Katze (Bild oder Plüschtier), Amulette, Glücksbringer, Löffel zum Bleigießen, Horoskope, Kleeblätter …

8.3 Abc-Wettlauf

15 Min. | Kl. 5–10

für jede Gruppe: ABC-Plakat (mindestens DIN A3) und Plakatstift

Bereiten Sie Plakate mit den Buchstaben A bis Z vor. Alternativ können diese von den Gruppen vor Spielbeginn angefertigt werden.

Teilen Sie die Schüler in Gruppen mit etwa fünf Personen zu unterschiedlichen Schwerpunkten eines Themas ein. Jede stellt sich in einer Reihe vor ihr Plakat. Der Erste der Gruppe bekommt den Plakatstift. Nennen Sie das Thema, zu dem die Gruppe passende Wörter sammeln soll. Auf Ihr Zeichen beginnen die Gruppen, zu jedem Buchstaben einen Begriff aufzuschreiben. Nach jedem Begriff wechselt der erste Spieler an das Ende seiner Reihe. Gewonnen hat die Gruppe, die als erste ihre ABC-Liste vervollständigt oder nach einer festgelegten Zeit am meisten (passende!) Begriffe gefunden hat.

Gruppe 1: Umweltschutz

A: Altpapier sammeln	F: Fahrrad fahren
B: bedrohte Tiere schützen	G: Grüner Punkt
…	…
E: Energie sparen	Z: Zug fahren

Gruppe 2: Umweltsünden

8.4 Richtig oder falsch?

10 Min. | Kl. 5–7

Thesen
für jeden Schüler: rote und grüne Karten

Bereiten Sie Aussagen vor, bei denen die Schüler entscheiden müssen, ob diese richtig oder falsch sind.

Jeder Schüler erhält eine rote und eine grüne Karte. Die rote Karte signalisiert, dass eine getroffene Aussage falsch ist, die grüne steht für die Richtigkeit einer Aussage. Lesen Sie verschiedene Aussagen vor. Die Schüler sollen entscheiden, indem sie die entsprechende Karte nach oben halten. Für die richtige Antwort gibt es einen Punkt.
Variante: Bei richtigen Aussagen melden, bei falschen Aussagen bleiben die Hände unten.
Tipp: Mit diesem Spiel können auch Vorurteile oder Meinungen abgefragt werden.

Thema: Rauchen als Sucht

These	richtig / falsch	Berichtigung
Mehr als die Hälfte aller Erwachsenen raucht.	falsch	Drei bis vier von zehn Erwachsenen rauchen.
Raucher wissen, dass sie ihrer Gesundheit schaden.	richtig	Laut Umfrage wissen dies etwa 90 Prozent.
Jeder dritte Raucher stirbt an den Folgen des Rauchens.	falsch	Jeder zweite Raucher stirbt durch rauchbegünstigte Krankheiten.
Zigaretten sind schlecht für den Magen.	richtig	Bereits beim ersten Rauchen kann es zu Erbrechen und Durchfall kommen.

8.5 Fühl-Memory®

10 Min. | Kl. 5–8

Memory®-Karten (Pappe, verschiedene Materialien), Schachtel zum Aufbewahren der Karten, Leim oder Heißklebepistole, eventuell Tücher zum Verbinden der Augen

Schneiden Sie aus dicker Pappe Quadrate mit einer Größe von mindestens fünf mal fünf Zentimetern aus. Auf jeweils zwei Kärtchen befestigen Sie zwei gleiche Materialien (z. B. mithilfe von Büroklammern). Die Farbe des Materials spielt keine Rolle, da das Ertasten der Materialien im Mittelpunkt steht.

Je nach beabsichtigtem Schwierigkeitsgrad können die Schüler zunächst die Memory®-Karten mit geöffneten Augen befühlen und das Material benennen. Anschließend sollen sie mit geschlossenen oder verbundenen Augen ein Paar ertasten.

Thema: Über die Schöpfung staunen

Auf den Memory®-Karten befinden sich verschiedene Materialien aus der Natur, z. B. kleine Zweige, Steine, Blätter, Schneckenhäuser, Eicheln …

8.6 Montagsmaler®

20 Min. | Kl. 5–10

Tafel, Kreide, zu malende Begriffe

Suchen Sie entsprechende Begriffe zum Thema heraus.

Ein Schüler kommt nach vorn und muss einen vorgegeben Begriff an die Tafel zeichnen. Die anderen Schüler müssen herausfinden, um welchen Gegenstand oder Begriff es sich handelt.
Variante 1: Alle Schüler raten.
Variante 2: Wie viele Begriffe errät eine Gruppe innerhalb von drei Minuten?

Thema: Redewendungen als Hinführung zum Symbol Tür

- mit der Tür ins Haus fallen
- keinen Fuß vor die Tür setzen
- zwischen Tür und Angel
- die Tür vor der Nase zuschlagen
- vor die Tür setzen
- eine Hintertür offenlassen
- offene Türen einrennen
- die Tür von außen zumachen

8.7 Schätzspiel

15 Min. | Kl. 5–10

Schätzfragen, Zettel, Tafel

Bereiten Sie interessante Schätzfragen zum Thema vor. Wichtig ist, dass die Antworten aus Zahlen bestehen. Dafür bieten sich neben Fakten auch Umfrageergebnisse und Statistiken an.

Teilen Sie die Klasse in Gruppen ein. Anschließend stellen Sie eine Schätzfrage. Jede Gruppe schreibt ihre Vermutung auf einen kleinen Zettel, den sie nach vorn bringt. Übernehmen Sie die Vermutungen an die Tafel und verraten Sie die richtige Lösung. Die Gruppe, die mit ihrer Vermutung dem richtigen Ergebnis am nächsten ist, bekommt einen Punkt. Anschließend kann sich über das Thema ausgetauscht werden: Was hat mich überrascht/war mir neu? Was hätte ich nicht gedacht?

Thema: Schätzspiel zur Bibel

Wie viele Kapitel hat die Bibel?	1189
Wie viele Buchstaben stehen in der Bibel?	ca. 3 Millionen
Wie schwer ist die kleinste Bibel der Welt?	20 Gramm
Wie dick ist die größte Bibel der Welt?	2,5 Meter
Wie lange wurde an der Bibel geschrieben?	1600 Jahre
Wie viele Autoren schrieben die Bibel?	40
In wie viele Sprachen wurde die Bibel übersetzt?	2000 Sprachen
Wie lange brauchte ein Mönch, um die Bibel abzuschreiben?	ca. 18 Monate
Wie viele Stunden benötigt man, um die Bibel komplett durchzulesen?	ca. 49 Stunden

9.1 Fäden ziehen

5 Min. | Kl. 5–10

Wollknäuel

Schneiden Sie für jedes Team einen etwa 50 Zentimeter langen Faden aus gleichem Material und in der gleichen Farbe zurecht. Legen Sie die Fäden zu einem Büschel zusammen.

Halten Sie die Fäden in der Mitte fest. Jeder Schüler soll ein Ende wählen und nicht mehr loslassen. Nun geht es ans Entwirren der Fäden. Die Schüler, die den gleichen Faden gewählt haben, arbeiten als Team zusammen.

Möglicher themenbezogener Einsatz:

Lebensfaden, Gefühlskurve

9.2 Zublinzeln

5 Min. | Kl. 5–10

keins

keine

Die Schüler stellen sich in einem Kreis Schulter an Schulter auf. Zu Beginn blicken alle auf den Boden in der Kreismitte. Währenddessen überlegt sich jeder eine Person aus dem Kreis, mit der er gerne zusammenarbeiten möchte. Geben Sie ein zuvor vereinbartes Signal. Daraufhin schauen alle Schüler gleichzeitig denjenigen an, den sie sich zuvor ausgesucht haben. Wenn sich zwei Schüler gegenseitig in die Augen schauen, hat sich ein Team gefunden. Dieses Team verlässt den Kreis. Anschließend wird solange weitergespielt, bis jeder Schüler einen Partner hat.

Möglicher themenbezogener Einsatz:

Freundschaft, Liebe, Partnerschaft, Vertrauen

9.3 Vornamenroulette

5–10 Min. Kl. 5–10

keins

keine

Die Schüler zählen die Buchstabenanzahl ihres Vornamens. Für die Gruppenbildung müssen sie Schüler finden, deren Vornamen genauso viele Buchstaben haben. Sollte ein Schüler keinen Partner finden, darf die nächstgrößere Zahl gesucht werden.

Möglicher themenbezogener Einsatz:

Identität, Gottesname, Namensdeutungen in der Bibel

9.4 Teampuzzle

5 Min. Kl. 5–10

Körbchen oder Briefumschlag
für jede Gruppe: Karte mit biblischem Spruch (z. B. alte Postkartenkalender), Zeitungsanzeige, Todesanzeige, themenbezogenem Bild o.Ä.

Für jede Gruppe benötigen Sie eine Karte. Zerschneiden Sie diese in so viele Teile, wie die Gruppen Teammitglieder haben sollen. Die Teile bewahren Sie in einem Körbchen oder Briefumschlag auf.

Jeder Schüler zieht ein Puzzleteil aus dem Körbchen. Anschließend müssen sich die Schüler finden, deren Teile ein Ganzes ergeben. Diese Schüler bilden eine Gruppe.

Möglicher themenbezogener Einsatz:

Tod (Todesanzeigen), Partnerschaft (Kontaktanzeigen), Judentum (religiöse Gegenstände)

9.5 Geräusche-Memory®

5 Min. Kl. 5–10

Streichholzschachteln, verschiedenes Füllmaterial, große Dose

Füllen Sie jeweils zwei (Partnerarbeit) oder drei (Gruppenarbeit) Streichholzschachteln mit dem gleichen Material. Möglich sind z. B. Sand, Murmeln, Münzen, Federn, Wasser, Bohnen, Reis oder Büroklammern.

Jeder Schüler zieht eine Streichholzschachtel aus der Dose. Die Schüler sollen nun ihren Partner oder ihre Gruppe finden, indem sie ihre Streichholzschachtel schütteln und sich an dem Geräusch orientieren. Die Streichholzschachteln dürfen nicht geöffnet werden.

Tipp: Statt Streichholzschachteln können Sie Überraschungseidöschen verwenden.

Möglicher themenbezogener Einsatz:

Hören, Heilung eines Taubstummen, Berufung, Gehorsam